本著作受上海工程技术大学学术著作出版专项资助

高新技术企业认定前后的
会计信息质量问题
及其对资源配置的影响研究

张子余 ◎ 著

中国财经出版传媒集团

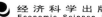

经济科学出版社
Economic Science Press

图书在版编目（CIP）数据

高新技术企业认定前后的会计信息质量问题及其对资源配置的影响研究/张子余著 . – – 北京：经济科学出版社，2022.6

ISBN 978 – 7 – 5218 – 3769 – 8

Ⅰ . ①高… Ⅱ . ①张… Ⅲ . ①高技术企业 – 会计信息 – 影响 – 资源配置 – 研究 – 中国 Ⅳ . ①F279. 244. 4

中国版本图书馆 CIP 数据核字（2022）第 108275 号

责任编辑：程辛宁
责任校对：齐 杰
责任印制：张佳裕

高新技术企业认定前后的会计信息质量问题及其对资源配置的影响研究
张子余 著
经济科学出版社出版、发行 新华书店经销
社址：北京市海淀区阜成路甲 28 号 邮编：100142
总编部电话：010 – 88191217 发行部电话：010 – 88191522
网址：www. esp. com. cn
电子邮箱：esp@ esp. com. cn
天猫网店：经济科学出版社旗舰店
网址：http：//jjkxcbs. tmall. com
固安华明印业有限公司印装
710 × 1000 16 开 13. 25 印张 210000 字
2022 年 6 月第 1 版 2022 年 6 月第 1 次印刷
ISBN 978 – 7 – 5218 – 3769 – 8 定价：78. 00 元
（图书出现印装问题，本社负责调换。电话：010 – 88191510）
（版权所有 侵权必究 打击盗版 举报热线：010 – 88191661
QQ：2242791300 营销中心电话：010 – 88191537
电子邮箱：dbts@ esp. com. cn）

前　言

　　本书是笔者主持的国家社会科学基金项目"高新技术企业认定前后的会计信息质量问题对资源配置效率的影响研究"的结项成果（项目编号：15BJY014），项目的结项时间是 2020 年 9 月 28 日（结项证书编号：20203801）。高新技术企业认定制度是我国为激励企业加大研发投入而设置的特有制度。为实现我国高水平科技自立自强，我国政府实施了高新技术企业税收优惠政策。高新技术企业税收优惠是对创新能力与相关指标达到相应要求的企业，进行高新技术企业资格认定；通过认定的企业能享受所得税税率优惠政策（高新技术企业的所得税税率是 15%，其他企业的所得税税率通常是 25%）。

　　高新技术企业认定制度起始于 2008 年，包括了科技部、财政部、国家税务总局印发的《高新技术企业认定管理办法》，以及《国家重点支持的高新技术领域》《高新技术企业认定管理工作指引》等制度（简称"高新技术企业认定制度"）。高新技术企业认定制度实施 8 年后，2016 年科技部、财政部、国家税务总局对高新技术企业认定制度进行了修订。我国高新技术企业认定制度的评价指标主要可归纳为三种类型：第一类是对企业已有的技术与知识产权的评价；第二类是对企业研发项目的评价；第三类是对企业财务会计指标的评价。本项目选题对会计资料展开研究。

　　本项目选题缘起于，无论是财税部门还是科技等相关部门都反映在高新技术企业认定过程中，各企业与各部门常常为不一致的研发费用数字备受困扰，无法厘清其中的差异性。审计署的审计结果公告《国家税务局系统税收征管情况审计结果》（2011 年第 34 号公告）指出高新技术企业税收优惠存在政策执行不严的现象，某些高新技术企业并不满足税收优惠条件，这些因素都表明研发费用信息质量问题亟待研究。尽管高新技术企业认定制度影响到的高新技术企业数量远远超过 A 股公司数量，但当时鲜有研究关注重要的高新技术企业认定制度、关注高新技术企业认定过程中企业的潜在动机对会计信息操控行为的影响、关注如何提高研发费用信息的规范性与可靠性。

本项目在执行过程中，课题组通力合作，收集数据、整理资料、分析案例、仔细思考，多次组织专家讨论以集思广益，数次进行调研以形成一手资料。至申请结题为止，项目重点与难点问题得以解决。具体而言，我们对高新技术企业会计信息质量的状况、动因、作用机理与经济后果开展研究，在项目执行过程中研究主体部分沿着如下具体的逻辑脉络进行：

（1）2015 年之前上市高新技术企业研发信息披露位置主要集中在年报的董事会报告与年报附注。在董事会报告中高新技术企业多选择用文字的形式来揭示企业研发的定量与定性信息；在资产负债表附注中高新技术企业主要选择数值化披露"开发支出"科目明细，在利润表"管理费用"附注中高新技术企业披露费用化研发信息，在现金流量表"支付的其他与经营活动有关的现金"的附注中高新技术企业披露相关研发信息。

为此，我们研究了高新技术企业研发信息披露的形式与规范性（具体内容参见第 2 章）。团队成员手工收集整理了所有被首次认定为高新技术企业的上市公司为研究对象，时间跨度为 2007～2013 年。通过梳理五百多家高新技术企业长达七年的年报中披露的研发信息，对董事会报告中研发信息的披露形式、内容以及认定前后研发信息披露的变化进行了具体分析；分析了财务报表附注中研究与开发阶段的划分政策，还对资产负债表附注、利润表附注以及现金流量表附注中研发信息披露进行了具体分析，并提出了高新技术企业研发信息披露存在的问题与改进建议。

（2）自从推出高新技术企业资格认定制度与相应税收优惠政策以来，越来越多的企业获得了高新技术企业资格。其中，企业申报的研发费用达标是取得高新技术企业资格的必要条件，企业申报的数据是否符合相关规定，能否被高新技术企业资格会审中的各方所认可，是高新技术企业认定中困扰各方的关键问题。为鉴证研发费用数值的可靠性，需要会计师事务所等第三方鉴证机构的审计师执行恰当审计程序与审计方法，出具研发费用专项审计报告。

为此，我们对高新技术企业认定过程中的研发费用专项审计工作底稿进行了案例研究（具体内容参见第 3 章）。团队成员到事务所进行调研，取得了案例公司的审计工作底稿。在实际一手资料的基础上，我们从高新技术企业认定中的研发费用专项审计工作底稿出发，对研发费用专项审计进行了案例研究。考察企业在研发费用认定中存在的舞弊风险、具体审计重点、难点与应对措施，以检查企业研发支出的可靠性。并思考如何进一步规范企业研发支出的核算与管理，为相关机构在制定政策时提出改进建议。

（3）在实践中，除了高新技术企业认定需要会计师事务所出具专项审计报告外，企业要享受研发费用的加计扣除政策也需要会计师事务所出具专项审计报告。这是由于财税部门与科技部门对于研发费用如何界定口径有较大差异，会计核算、加计扣除与高新技术企业认定中研发费用不一致，难以达成共识，税务部门担忧高新技术企业研发支出核算与纳税申报可能存在重大错报风险。会计或税务师事务所对研发费用进行专项审计并出具审计意见，是研发支出加计扣除税惠执行的前置条件，也是税务机关认可企业研发费用的必要条件。

为此，我们基于研发费用专项审计视角对研发信息进行了案例研究（具体内容参见第 4 章）。我们考察了某高新技术企业的加计扣除研发费用如何归集以及会计核算与披露，并分析该企业潜在的舞弊风险，探究研发费用专项审计中的具体审计风险点与审计难点，并给出具体的应对措施以检查企业研发支出的可靠性及有效性，思考如何规范企业研发支出的会计核算，为相关机构实施研发支出税收优惠规定提供具体政策建议。

（4）除了对研发费用进行操控外，企业管理层会基于取得高新技术企业资格之后的所得税税率降低预期对销售费用与管理费用等费用进行跨期转移类型的费用操控。企业在取得高新技术企业资格前通常按照一般纳税人所得税税率 25% 申报纳税，但取得高新技术企业资格后所得税税率会降低到15%。企业可以通过将销售费用与管理费用向认定前进行跨期转移来取得节税收益。如果企业将认定后要发生的 100 万元管理费用或销售费用跨期转移到认定前进行会计确认，通常能获得实际节税收益 10 万元。基于此逻辑分析，第 5 章运用了基于大样本的实证研究方法对高新技术企业首次认定前后的费用操控行为进行了经验研究。

（5）高新技术企业资格证书的有效期是三年，在期满前三个月内高新技术企业应提交复审申请，复审结果不合格或者没有提交复审申请的企业，高新技术企业资格到期将自动失效。取得高新技术企业资格企业的所得税税率已经降低到15%，通过复审后企业的所得税税率保持不变仍然是15%，没有通过复审企业的所得税税率会上升到25%。因此，企业在复审前一年并没有动机将销售费用与管理费用向认定前进行跨期转移，但研发强度不足的高新技术企业仍然会为了达到复审对研发费用强度的要求，在复审过程中对相关研发费用进行向上费用操控。基于此逻辑分析，第6章运用了大样本经验研究方法对高新技术企业复审前后的费用操控行为进行了实证研究。

（6）《高新技术企业认定管理办法》中的认定条件对会计收入项目进行了专门规定，要求"高新技术产品（服务）收入必须占企业当年总收入的60%以上"，2016年的《高新技术企业认定管理办法》中进一步明确"近一年高新技术产品（服务）收入占当年总收入比例在60%以上"；要求提交给认定机构"经中介机构鉴证的企业近一个会计年度高新技术产品（服务）收入专项审计报告"。因此，如果企业要通过高新技术企业的认定，必须满足"近一年高新技术产品（服务）收入占当年总收入比例在60%以上"的必要条件。申报高新技术企业的样本公司，当近一年高新技术产品（服务）收入占当年总收入比例较低时，现实可行的方法是采取"激进的收入操控"提高"近一年高新技术产品（服务）收入"。由于"高新技术产品（服务）收入"包括符合"国家重点支持的高新技术领域"要求的产品（服务）收入与技术性收入的总和；技术性收入主要包括技术转让收入、技术承包收入、技术服务收入与接受委托科研收入。因此，高新技术产品收入不足的企业可能通过"激进收入确认"提高"近一年高新技术产品（服务）收入"。基于上述分析，第7章对高新技术企业认定前一年的会计收入信息质量进行了实证研究。

（7）第8章实证研究了高新技术企业认定过程中会计选择行为的经济后果。研究发现了复审前的会计操控行为没有显著影响复审后企业的技术创新行为，表明高新技术企业认定后的道德风险行为并不显著。这意味着即使会计信息容易被操控，但是我国的高新技术企业制度整体上仍然能够降低高新技术企业认定后的道德风险行为。这给现实带来的启示是，在高新技术企业认定门槛设计中需要重视其他不容易操控的非会计信息，此外，竞争性的研发补贴且重复博弈的制度设计，能够显著降低高新技术企业认定后道德风险行为发生的概率。

另外，第 8 章还探讨了我国的高新技术企业政策能否真正推动技术创新，提供了我国高新技术企业政策能够有效推动企业创新的微观层面经验证据。有学者认为推动中国与其他国家成功高增长的原因是这些国家制定了能够克服市场障碍的政策，研究应当关注产业政策是如何被执行的。本章结论表明我国高新技术企业政策能够促进企业创新，研究从微观层面仔细分析我国的高新技术企业政策是如何被执行的，提供了高新技术企业政策如何影响企业内部资源配置的微观层面经验证据，揭示了高新技术企业认定前的逆向选择问题并不严重。

（8）国家火炬计划重点高新技术企业不是一般的高新技术企业，而是国家骨干高新技术企业，是推进我国创新驱动战略的中坚力量。国家重点高新技术企业聚集了大量的优秀科技人才，引领着我国高新技术产业快速发展。为培育发展国家重点高新技术企业，科技部火炬中心根据《国家火炬计划重点高新技术企业管理办法》组织实施遴选工作，发布国家重点高新技术企业的入选名单。若企业被认定为国家重点高新技术企业，能获得研发创新资源的双重支持；国家重点高新技术企业不仅能享受一般高新技术企业的税收优惠政策，还能得到科技部火炬中心与地方科技部门对信息、宣传、人才、市场、资金等方面的支持，有资金条件的地方政府还能进一步给予专项资金扶持。国家火炬计划实施具有丰富的政策效应。入选国家重点高新技术企业意味着它进入了中国高科技的光荣行列，其科技能力得到政府的认可；入选国家重点高新技术企业能提高新技术企业的知名度和市场地位，促进科技与经济、金融的融合，有利于高新技术成果商品化、高新技术商品产业化和高新技术产业国际化。基于上述逻辑分析，第 9 章实证研究了企业取得国家重点高新技术企业资格的市场反应，发现企业取得国家重点高新技术企业资格公告颁布会产生显著正向的市场反应，投资者对于国家重点高新技术企业给予较高市场定价。

总之，本书围绕高新技术企业认定前后的会计信息质量问题，从"是什么""为什么""怎么样"等角度展开研究。

其中，核心八章的研究视角包括：基于会计信息披露视角、基于高新技术企业认定视角、基于加计扣除视角、基于税收筹划视角、基于高新技术企业复审视角。我们运用了比较分析、案例分析、大样本实证研究以及访谈等不同方法对高新技术企业认定中会涉及的会计信息质量问题进行研究。除了考察信息质量问题的现状、动因与作用机制外，我们还研究了会计信息质量问题对相关资源配置的影响，国家重点高新技术企业认定公告对市场反应的影响。通过上述研究，得出了如下主要结论：

（1）2015 年之前，我国上市高新技术企业研发信息披露总体上规范性不足，可靠性需要提高。信息规范性不足表现在承载高新技术企业数值型研发信息的形式比较混乱、数值型研发信息披露比重较低、研究阶段与开发阶段具体划分标准不明确等方面；研发信息可靠性需提高表现在一些公司研发数据间的对应关系无法验证，研发支出数据内容少且部分企业披露存在着明显错误等方面。我们还发现研发费用会计核算与披露方法的严重缺陷在于，现有研发费用的会计核算具体方法与后续研发费用的归集之间脱节，缺乏清晰勾稽关系。研发费用的会计核算具体方法并没有为后续的费用归集汇总提供有效支撑，导致大部分企业在高新技术企业资格认定与加计扣除的研发费用归集汇总时需要重新开始进行数据整理工作，三种数据之间缺乏关联性。

（2）对高新技术企业认定前研发费用专项审计案例进行分析，发现专项审计的审计证据不充分；企业财务人员的研发支出会计核算方法没有为后续高新技术企业资格认定中研发费用的归集汇总提供基础，两类研发信息数值之间缺乏内在逻辑结构一致性。2016 年底的访谈发现越来越多的较大规模事务所不愿承接高新技术企业研发费用审计业务，一些大型会计师事务所目前已停止接受与研发相关的专项审计工作。访谈信息也从侧面反映出我国高新技术企业认定过程中存在研发费用信息归集汇总的可靠性问题。

（3）对高新技术企业认定后研发费用加计扣除的专项审计案例进行研究，发现研发费用辅助明细表、辅助余额表与可加计扣除的研发费用情况归集表的勾稽关系不清晰，相关审计证据并不充分。这是由于企业研发费用的会计核算具体方法与可加计扣除的研发费用归集表之间的内在逻辑架构不一致，导致并不能根据研发费用明细账直接导出可加计扣除的研发费用情况归集表。审计师主要是在运用细节测试方法进行审查。囿于知识背景与审计成本的约束，审计师在做审计判断时存在较强的主观性。

（4）运用经验研究的方法，对初次取得高新技术企业资格上市公司的费用操控行为进行实证研究，研究发现高新技术企业在通过认定取得高新技术企业资格前一年有显著向上的费用操控行为。相对于国有控股公司，非国有控股公司进行费用操控的动机更加强烈。此外，我们还发现高新技术企业在通过资格认定前一年会更少地将开发支出资本化。实证结果一致表明，在通过高新技术企业资格认定前一年有相关企业会通过向上操控费用项目以达到避税目的。

（5）以复审取得高新技术企业资格的 A 股上市公司为研究对象，实证研究高新技术企业在复审过程中的费用操控行为。研究发现高新技术企业在复审高新技术企业资格前一年有显著向上的操控费用；相对于国有控股公司，非国有控股公司有更强动机进行费用操控以通过高新技术企业资格复审；没有充分证据表明未充分披露研发支出会计政策的企业有更强动机进行费用操控以通过高新技术企业资格复审。研究结论表明高新技术企业认定相关制度与控制权性质直接影响着中国高新技术企业的费用操控行为。

（6）对高新技术企业认定管理过程中的会计收入信息质量问题进行研究，发现高新技术企业在认定前一年有激进的会计收入确认行为。初次取得高新技术企业资格的 395 家高新技术企业样本为研究对象进行研究发现：无论是与没有被认定为高新技术企业的母公司相比，还是与没有被认定为高新技术企业的同一集团内的子公司相比，被认定为高新技术企业的母公司在认定前一年都有更为激进的收入确认行为。

（7）以 2009～2016 年被认定为国家火炬计划重点高新技术企业的上市公司为样本，利用事件研究法考察资本市场对国家火炬计划扶持政策的市场反应。实证研究结果表明，投资者对国家火炬计划扶持政策呈现积极正面的市场反应，被认定为国家重点高新技术企业的上市公司在公告日有显著为正的超额收益；相对于大规模高新技术企业，中小规模重点高新技术企业在公告日有更高的超额收益。对较长时间窗口的检验还发现，相对于国有高新技术企业，非国有重点高新技术企业具有更高的累计超额回报。

（8）研究我国高新技术企业认定政策的经济后果，发现高新技术企业政策推动了企业研发行为。高新技术企业在认定后的研发效果得到显著提高，其中联合研发效果提高得快一些，独立研发效果呈现得相对慢一些。高新技术企业认定前的信息不对称并未造成认定后的企业不重视研发投入，道德风险行为不严重。这是因为我国高新技术企业制度设计上有其科学合理的一面，表现在三年一轮回的重复博弈以及竞争性的制度设计。

（9）发现相对于非高新技术企业，高新技术企业在通过复审后研发行为有显著提高，但企业成长性与投资行为无显著变化。这在一定程度上反映了我国上市公司科技成果的转化率不高或转化不及时，没有显著推动企业价值与投资行为的增长。科技成果不能及时转化为生产力，一方面是因为成果没有达到可以向生产转化的成熟度，另一方面是因为科技成果的创新度不够。

（10）研究复审前会计操控行为的经济后果，发现复审前的会计操控行为并没有影响认定后的研发行为、投资行为与企业成长性，表明高新技术企业认定过程中的逆向选择问题并不严重。这是因为，在认定前不仅需要企业提供会计信息，还需要企业提供非会计信息以证明其研发能力。企业在复审前一年向上操控研发强度指标，可能是由于现实世界不同行业之间的研发强度原本就存在差异，现有高新技术企业认定过程中不考虑行业因素的研发强度门槛设计不一定合理。

对经济后果研究得到的启示是，税收的激励政策与竞争性重复博弈的制度设计能够促进企业科技创新。目前高新技术企业认定中的竞争性机制与三年一轮回的重复性博弈制度设计，能引导企业将真实的研发投入视为可置信的威胁，减少高新技术企业认定后的道德风险行为。在制度设计上，当会计信息较容易受到操控时，需充分运用不容易受到操控的非会计信息进行甄别，以减少高新技术企业认定过程中的逆向选择行为。于此，我们提出加强对高新技术企业认定中科技成果成熟度与创新性评价的具体举措。

我们研究发现了高新技术企业认定后的联合研发效果高于独立研发效果，这意味着企业加强产学研合作可以更快呈现研发效果；同时，本研究还发现了高新技术企业认定后企业科技成果的转化率不高；这两种结论同时存在意味着当前产学研合作方式下，高新技术企业认定后科技成果的成熟度和创新性不高。这不难理解，因为在高校主导的产学研合作中，不少高校教师和科研人员主要关注点在于项目取得与级别，论文的发表与专著的出版，较少关注应用型科技成果的成熟度与创新性。未来值得进一步深思的是，如何改进高校与科研院所内部的科研评价体制与科技成果评价方式，引导相关科研人员真正关注科技成果的成熟度与创新性，以开展更高效的产学研合作。

目 录

第 1 章

绪论   1

1.1　研究背景与研究问题   1

1.2　关键概念界定   4

1.3　相关政策   7

1.4　研究目的   9

1.5　理论意义与现实意义   9

1.6　创新之处   9

第 2 章

基于会计信息披露视角的高新技术企业研发信息披露   11

2.1　引言   11

2.2　研发信息披露的文献回顾   12

2.3　董事会报告中高新技术企业认定前后研发信息的披露分析 15

2.4　报表附注中高新技术企业认定前后研发信息的披露分析 18

2.5　高新技术企业研发信息披露存在的问题与改进措施   23

2.6　本章小结   27

第 3 章

基于高新技术企业认定视角的研发费用专项审计案例研究 29

3.1　引言   29

3.2　高新技术企业认定的相关政策依据   30

3.3　高新技术企业认定中的研发费用专项审计分析   33

3.4 高新技术企业认定中的研发费用专项审计案例分析 34

3.5 本章小结 38

第4章

基于专项审计视角的研发费用加计扣除案例研究 39

4.1 引言 39

4.2 高新技术企业研发费用加计扣除的相关政策 40

4.3 高新技术企业研发费用加计扣除专项审计案例分析 42

4.4 本章小结 51

第5章

基于避税动机的高新技术企业费用操控研究 53

5.1 引言 53

5.2 文献回顾与研究假设 54

5.3 研究设计与数据来源 58

5.4 实证检验与分析 63

5.5 对内生性问题的检验 68

5.6 高新技术企业在认定前倾向于更少的开发支出资本化吗 73

5.7 研究结论与启示 76

5.8 本章小结 77

第6章

高新技术企业复审过程中的费用操控行为研究 79

6.1 引言 79

6.2 文献回顾 81

6.3 研究假设 82

6.4 数据来源和模型选择 85

6.5 实证检验与分析 90

6.6 研究结论与启示 98

6.7 本章小结 99

第 7 章

高新技术企业认定中的会计收入信息质量研究　　100

7.1　引言　　100

7.2　文献回顾与研究假设　　101

7.3　研究设计与数据来源　　103

7.4　实证检验与分析　　106

7.5　研究结论与启示　　111

7.6　本章小结　　111

第 8 章

高新技术企业复审、会计操控行为与企业资源配置　　112

8.1　引言　　112

8.2　会计信息在高新技术企业资格认定制度契约中的作用　　114

8.3　研究假设　　115

8.4　研究设计　　119

8.5　实证检验　　125

8.6　研究结论与启示　　136

8.7　本章小结　　137

第 9 章

国家火炬计划公告的市场反应研究　　138

9.1　引言　　138

9.2　文献回顾与研究假设　　139

9.3　研究设计　　142

9.4　实证分析　　145

9.5　研究结论与启示　　151

9.6　本章小结　　152

第 10 章

研究结论与展望　　154

10.1　核心研究结论　　154

10.2　拟参与高新技术企业认定企业如何提高研发信息规范性　　162

10.3　如何提高高新技术企业认定前后研发信息的可靠性　　　171

10.4　加强对高新技术企业认定中科技成果成熟度和创新性的评估　172

10.5　本书研究的不足　　　173

10.6　对未来的展望　　　174

参考文献　　　176

附录　　　188

后记　　　196

1.1　研究背景与研究问题

　　我国已有的会计信息质量研究主要关注 A 股市场上市公司，近 20 年来取得的研究成果主要集中在：首次公开发行、配股与增发中的会计信息质量研究；微利或 ST 公司的会计信息质量研究；会计信息质量与审计意见的相关研究；会计信息质量与公司治理影响因素的相关研究。然而，除了上述会计信息质量研究之外，现实环境中还有其他重要的契约制度会影响会计信息质量。2008 年科技部等联合出台了《高新技术企业认定管理办法》和《高新技术企业认定管理工作指引》，明确了高新技术企业的认定标准。2008 年颁布的《中华人民共和国企业所得税法》规定一般企业所得税税率为 25%，但高新技术企业减按 15% 的税率征税，使得高新技术企业税收优惠条款具有了可操作性。

　　高新技术企业认定相关制度会影响企业在认定前后的会计信息质量与市场资源配置效率。首先，高新技术企业资格带来的巨大利益会激励不少企业设法通过认定；被认定为高新技术企业能给企业带来直接的税收优惠，高新技术企业减按 15% 税率征收企业所得税；不仅如此，被认定为高新技术企业能给企业带来重要的市场竞争优势，例如，在招投标中对高新技术企业资质的要求。其次，《高新技术企业认定管理办法》规定的认定指标主要包括企业核心自主知识产权、科技成果转化收入能力、研发费用强度等具体指标，会涉及研发支出信息与会计收入信息，其中研发费用强度达标是高新技术企业认定通过的必要条件，相关研发强度不足的企业在认定前会通过操控研发费用信息以帮助通过高新技术企业认定。

关于研发支出信息质量的研究文献与本书的研究思路、方法与测度的选择同样具有高度相关性，公司管理层能通过对研发支出信息的操控影响会计信息质量，已有的文献对研发支出的会计政策选择和研发披露行为进行了探讨。关于对研发披露行为的研究，主要涉及欧洲大陆、澳大利亚与中国等研发支出自愿性披露的国家和地区。珀西（Percy，2000）论述了澳大利亚企业对研发支出的自愿性披露。琼斯（Jones，2007）考察了高研发密度行业里是否选择披露研发支出的自愿性披露问题，管理层会在担忧投资者的逆向选择和担忧经营机密泄露给竞争者之间进行权衡。关于研发支出会计政策选择的动机、手段、影响因素与价值相关性。在美国和英国这些采取强制披露研发支出的国家中，1974 年美国财务会计准则公告第 2 号颁布，在该公告颁布之前对研发支出资本化公司在公告颁布后减少了研发投入（Elliott，1984；Selto and Clouse，1985）。希利、迈尔斯和豪尔（Healy，Myers and Howe，2002）用模型研究医院如何在不同的研发会计处理方法之间进行选择。科塔里等（Kothari et al.，2002）发现费用化与资本化的研发支出对未来盈余波动有正向影响。莫纳汉（Monahan，2005）研究了研发支出谨慎会计处理的效应。奥斯瓦尔德（Oswald，2008）探讨了哪些因素会影响英国公司对研发支出的会计处理方法。李、派克和哈尼法（Li，Pike and Haniffa，2008）考察了英国公司智力资本信息披露与公司治理之间的联系。宗文龙（2009）认为债务契约是影响企业研发支出资本化的原因。李莉、曲晓辉和肖虹（2012）也考察了研发支出资本化的动因。维斯、福尔克和锡安（Weiss，Falk and Zion，2013）运用医药行业的研发支出新闻稿研究了研发支出与未来盈余风险之间关系。赵团结（2012）认为研发费用管理是高新技术企业认定中的一项难题，并从实务角度探讨如何加强对研发费用的会计核算。

关于会计收入信息质量问题的研究文献与本书的研究思路、方法与测度的选择具有高度相关性，已有的文献对会计收入操控的手段、动机、影响因素与计量模型进行了探讨。关于对会计收入操控手段与动机的研究，葛家澍

（2001）认为同收入确认有关的交易、事项非常复杂，影响会计盈余信息质量的关键因素是会计收入确认与计量的准确性。过半 SEC 财务报告舞弊案是通过收入提前确认或虚构来提高利润（Feroz，1991）。普卢默和梅斯特（Plummer and Mest，2001）检验发现运用操控利润以超过分析师盈利预测门槛的公司会高估会计收入。马夸特和维德曼（Marquardt and Wiedman，2004）发现有小幅度盈利增长的公司会利用非常损益项目，但不会高估收入项目；股权融资公司在融资前会高估收入项目以提高会计盈余；公司在进行管理层收购前会利用会计收入项目影响会计盈余。凯勒（Caylor，2009）发现微利公司的管理层会利用应计收入项目来操控利润。企业会通过销售操控手段促销以避免亏损（Jackson and Wilcox，2000；Roychowdhury，2006）。张子余和张天西（2011）研究了微利公司的"真实销售操控"行为与"激进的收入操控"行为。关于对会计收入操控计量模型的研究，斯塔本（Stubben，2010）构造了"非预期操控收入"模型来度量"激进的收入操控"。罗伊乔杜里（Roychowdhury，2006）构造了"异常经营现金流"模型来度量"真实销售操控"行为。关于对会计收入操控影响因素的研究，廖冠民和吴溪（2013）研究发现，在第 1141 号审计具体准则生效前后，操控性收入均伴随着更高的财务舞弊概率。韩成（2012）认为《高新技术企业认定管理办法》影响会计信息质量，从实务角度探讨了如何规范收入信息的会计核算。

　　关于高新技术企业认定的相关制度也会影响它在认定之后的会计信息质量。因为被认定为高新技术企业会减按 15% 的税率征收企业所得税，如果在企业集团内不同会计主体存在不同的税率，高税率公司可能会向低税率的高新技术企业进行利润转移以降低整体的税负。由于与税收筹划相关的利润转移的研究文献与本书的研究思路、方法与测度的选择具有高度相关性，下面对此进行回顾。冈瑟（Guenther，1994）以美国 1986 年公司税制改革前后为研究期间，发现随着公司所得税从 46% 降到 34% 期间，税制改革前一年公司操控性"经营应计利润"显著为负，表明公司在税制改革前有明显的利润推迟行为。洛佩兹（Lopez，1998）在盖恩特（Guenther，1994）方法的基础上，发现公司税制改革前的利润转移程度与税收筹划激进程度正相关。梅德夫（Maydew，1997）运用随机游走模型估计税制改革前一年第四季度与税制改革后第一季度的毛利润期望值，也发现存在明显的利润跨期转移现象。王跃堂（2009）在盖恩特（Guenther，1994）方法的基础上也发现我国税制改革前税率降低公司存在明显利润转移现象，税率提高公司并不明显；盖地和胡国强还发现税率降低公司的基于避税动机的利润跨期转移行为会受到财务报告成本的影响。李增福和郑友环（2010）认为税率降低公司趋向于通过应计项目转移利润，税率提高公司趋向于采用真实活动转移利润。王亮亮（2014）以马曼宗和达玛帕拉（Manzon and Dharmapala，2002）的做法衡量公司税收筹划激进程度，发现税率降低公司存在明显的利润推迟现象。

综上，虽然关于高新技术企业认定的相关制度会影响企业在认定前后的会计信息质量，但已有的研究主要集中在其他制度背景下的研究，直接针对在高新技术企业认定背景下的会计信息质量的研究文献仍然匮乏。因此，亟须研究高新技术企业认定制度特殊背景下的会计信息质量问题，尤其需要进一步深入研究如何改善会计信息质量问题以提高市场资源配置效率，本书的研究运用空间非常广阔。

1.2 关键概念界定

1.2.1 高新技术企业概念

在广义概念上，我国高新技术企业概念内涵与其他国家并无不同，是指通过研发活动提高自主创新能力，从而拥有核心知识产权，并能积极转化相关成果且相关产品具有较好经济附加值的企业。因此，国内外的不少研究将属于某些特定行业的企业界定为高新技术企业。

然而，本书的高新技术企业概念是《高新技术企业认定管理办法》所特指的高新技术企业，在狭义上我国高新技术企业与其他国家不同，需要相关政府部门进行资质认定。申报企业需要经过企业自我评价和申请、网上注册登记、提交材料、合规性审查、认定、公示与备案等流程，才能取得高新技术企业资格。通过资质认定的高新技术企业可以享受三年税收优惠政策，优惠期满企业可以再次提交材料，申请高新技术企业资质。因此，想获得高新技术企业资质的企业，需要每三年进行一次资格检查，一旦审查不符合高新技术企业条件，企业失去高新技术企业资格。

1.2.2　研究开发费用概念

研究开发费用简称研发费用，广义上是指企业在通过研发活动提高自主创新能力过程中发生的开支，例如，为研发所耗用的直接材料费、与研发相关的固定资产折旧费和直接科研人员工资都是与研发相关的费用。然而，企业会计核算与披露的研发支出、企业在高新技术企业资格认定申报过程中提供的研发费用数据、高新技术企业申报纳税加计扣除计算过程中提供的研发费用，三种情况下研发费用的界定依据、目的与具体数值都有所不同。

企业在会计核算中计量、确认与披露研发支出是由《财政部关于企业加强研发费用财务管理的若干意见》（2017 年）来规范的；企业申报纳税过程中为享受加计扣除优惠政策的研发费用概念的界定依据是税法，是为了准确计算企业的应纳税所得额，是由《财政部　税务总局　科技部关于完善研究开发费用税前加计扣除政策的通知》（2015 年）、《国家税务总局关于企业研究开发费用税前加计扣除政策有关问题的公告》（2015 年）、《国家税务总局关于研发费用税前加计扣除归集范围有关问题的公告》（2017 年）等公告来规范的；而高新技术企业资格认定过程中研发费用的界定依据是《高新技术企业认定管理办法》与《高新技术企业认定管理工作指引》，《高新技术企业认定管理办法》要求提交近三个会计年度的研发费用总额占同期销售收入总额的比例，要求企业计算研发强度，其目的是将重视研发且其研发投入达到一定强度以上的企业遴选出来，以给予税收等方面的优惠与扶持。三种情况下研发支出确认的具体内容明显有所不同。

1.2.3　研发费用的差异

我们列示了表 1-1，以比较高新技术企业资格认定过程中与认定后企业申报纳税时两类研发费用概念的不同之处。首先，两者的界定依据与目的不同。企业申报纳税过程中研发费用概念的界定依据是税法，是为了准确计算企业的应纳税所得额；而高新技术企业认定过程中研发费用的界定依据是《高新技术企业认定管理办法》与《高新技术企业认定管理工作指引》，《高新技术企业认定管理办法》要求企业计算研发强度，等于企业近三个会计年度的研究开发费用之和除以同期销售收入之和，其目的是将重视研发且其研发投入达到一定强度以上的企业筛选出来，并给予税收等方面的优惠与扶持。因此，两者确认的具体内容有所不同，前者是税法上可扣除的研发费用，而后者是企业近三年实际发生的研发支出之和，即企业研发投入。

表 1-1　　企业纳税申报与高新技术企业资格认定过程中研发费用概念的差异

项目	企业纳税申报加计扣除中提供的研发费用	高新技术企业资格认定过程中提供的研发费用
概念的界定依据	税法	《高新技术企业认定管理办法》及《高新技术企业认定管理工作指引》
界定目的	计算应纳税所得额	计算企业研发强度
具体内容	当期可抵扣的研发费用	当期实际发生的研发支出
与会计核算科目的对应关系	当期"研发支出"科目结转到"管理费用"的金额	当期"研发支出"科目的借方发生额
是否受会计政策影响	受资本化费用化政策影响	不受资本化费用化政策影响

然而，值得注意的是，在2018年之前，我国企业的会计核算体系并没有名称为"研发费用"的一级费用类会计科目，三大会计报表中没有企业当期发生的总研发费用数据信息。2007年后的《企业会计准则》要求对研发支出实行有条件资本化的会计政策，当企业发生研发支出时，通常借记"研发支出"科目。"研发支出"科目在会计期末进行结转，或者资本化到无形资产等会计科目，或者费用化到"管理费用"会计科目，也有的企业保留在"研发支出"科目下不进行结转，这导致研发信息一部分被包含在管理费用科目中。企业纳税申报过程的研发费用对应着企业研发支出当期费用化到"管理费用"的数值，它会受到研发支出资本化费用化会计政策选择的影响。而高新技术企业资格认定中的研发支出数据本质上应当对应着企业"研发支出"

会计科目的当期借方发生额，不受企业研发支出后续的资本化费用化会计政策选择的影响。

1.3　相关政策

1.3.1　高新技术企业认定的相关政策

2008 年，科技部、财政部、国家税务总局联合颁布了《高新技术企业认定管理办法》《高新技术企业认定管理工作指引》，规定相关部门依照本办法，每年对申报企业进行高新技术企业资质认定。2011 年，科技部颁布了《关于高新技术企业更名和复审等有关事项的通知》，就高新技术企业更名以及 2011 年复审及认定工作的有关事项就行了说明。2016 年，三部委根据执行过程中发现的问题修订重新颁布了《高新技术企业认定管理办法》。

1.3.2　高新技术企业研发费用加计扣除的相关政策

为鼓励企业增加研发投入，2007 年《中华人民共和国企业所得税法》以及《中华人民共和国企业所得税法实施条例》颁布，规定了研发支出可加计扣除以及研发费用加计扣除具体比例。在税务部门的征管实践中，财税部门屡屡出台关于研发费用的系列重要政策文件，从 2008 年到 2022 年，就研发费用加计扣除在实际征收中遇到的问题至少颁布了十多项公告，具体公告名称如表 1－2 所示。为何财税部门就研发费用加计扣除问题连续出台系列文件？这反映出研发费用加计扣除问题的困难与复杂性，究其原因是在实践中研发费用加计扣除具体引发的争议之处较多；现实中的各部门为不同研发费用数值的复杂性与规范性问题备受困扰，众多企业与部门无法厘清其中的差异性。

2018 年 9 月 20 日，《财政部　税务总局　科技部关于提高研究开发费用税前加计扣除比例的通知》要求从 2018 年 1 月 1 日至 2020 年 12 月 31 日期间，研发费用在按规定据实扣除的基础上，再按照实际发生额的 75% 在税前加计扣除。2021 年 3 月 31 日，《财政部 税务总局关于进一步完善研发费用税前加计扣除政策的公告》要求自 2021 年 1 月 1 日起，研发费用在按规定据实扣除的基础上，再按照实际发生额的 100% 在税前加计扣除。这些加计扣除具体政策的变化体现了国家通过减税政策来支持企业发展与创新的决心。

表 1 - 2　　关于研发费用加计扣除政策执行中的一系列公告（2008 ~ 2022 年）

文件编号	文件名称
国税发〔2008〕116 号	《关于印发企业研究开发费用税前扣除管理办法（试行）的通知》
财税〔2013〕70 号	《关于研究开发费用税前加计扣除有关政策问题的通知》
财税〔2015〕119 号	《关于完善研究开发费用税前加计扣除政策的通知》
国税总局公告 2015 年第 97 号	《关于企业研究开发费用税前加计扣除政策有关问题的公告》
税总函〔2016〕685 号	《关于进一步做好企业研究开发费用税前加计扣除政策贯彻落实工作的通知》
财税〔2017〕34 号	《关于提高科技型中小企业研究开发费用税前加计扣除比例的通知》
国税总局公告 2017 年第 12 号	《关于 2016 年度企业研究开发费用税前加计扣除政策企业所得税纳税申报问题的公告》
国税总局公告 2017 年第 18 号	《关于提高科技型中小企业研究开发费用税前加计扣除比例有关问题的通知》
国科发政〔2017〕211 号	《关于进一步做好企业研发费用加计扣除政策落实工作的通知》
税总发〔2017〕106 号	《关于加强企业研发费用税前加计扣除政策贯彻落实工作的通知》
国税总局公告 2017 年第 40 号	《关于研发费用税前加计扣除归集范围有关问题的公告》
财税〔2018〕64 号	《关于企业委托境外研究开发费用税前加计扣除有关政策问题的通知》
财税〔2018〕99 号	《关于提高研究开发费用税前加计扣除比例的通知》
财政部、国家税务总局公告 2021 年第 13 号	《关于进一步完善研发费用税前加计扣除政策的公告》
国家税务总局公告 2021 年第 28 号	《关于进一步落实研发费用加计扣除政策有关问题的公告》
财政部、国家税务总局、科技部公告 2022 年第 16 号	《关于进一步提高科技型中小企业研发费用税前加计扣除比例的公告》
国家税务总局公告 2022 年第 10 号	《关于企业预缴申报享受研发费用加计扣除优惠政策有关事项的公告》

1.4　研究目的

本书围绕现阶段我国高新技术企业认定前后的相关制度，以考察高新技术企业在认定前后的会计信息质量问题及其对资源配置效率的影响。本书拟主要解决下列问题：第一，研究高新技术企业在认定前后的会计信息质量问题；第二，研究影响高新技术企业认定前后会计信息质量变化的重要因素；第三，研究高新技术企业在认定前后的会计信息质量问题对资源配置的影响以及如何改善。

1.5　理论意义与现实意义

本书将高新技术企业认定与会计信息质量问题联系起来，研究高新技术企业在认定前后的会计信息质量与资源配置问题，拓宽了会计信息质量研究的制度视角，为本领域学术文献贡献来自中国的独特经验证据，研究结论将在一定程度上弥补该领域学术成果较少的不足。

高新技术企业是提升国家核心竞争力的引擎。然而，审计署的审计结果公告（2011 年第 34 号公告）披露了不少虚假高新技术企业情况，因此，高新技术企业的认定过程需要规范，尤其需要关注其中的会计信息质量问题，需要采取有效治理措施以有效防范不当的会计信息操纵行为。这对于具体深化"强化企业创新主体地位，激励企业加大研发投入"的战略部署以及改善资源配置具有重要的现实意义。

1.6　创新之处

本书在学术思想、学术观点、研究方法等方面的特色与创新如下：

第一，从我国高新技术企业认定的情境展开研究，丰富了会计信息质量问题的研究视角。以往研究考察了其他情境下的会计收入信息质量与研发支出信息质量问题，本书则探讨我国高新技术企业认定特殊情境下的会计信息质量问题。

第二，丰富了政府契约如何影响企业会计行为的研究文献，将会计行为选择的动机研究拓展到新兴市场的高新技术企业资格认定制度的政府契约视角，研究结论有助于理解我国数以万计高新技术企业在高新技术企业资格认定过程中的会计行为选择。

第三，对我国高新技术企业认定前后的会计信息质量问题进行动态追踪研究，深入分析会计核算系统中研发费用信息的计量与确认、高新技术企业认定中研发费用归集、加计扣除中研发费用归集以及专项审计之间关系，并阐明背后的逻辑机理，厘清三者之间的逻辑关系。

第四，探讨了我国的高新技术企业政策能否真正推动技术创新，提供了我国高新技术企业政策能够有效推动企业创新的微观层面经验证据。从微观视角分析我国的高新技术企业政策是如何被执行的，提供了高新技术企业政策如何影响企业内部资源配置的微观层面经验证据，同时暗示着上市高新技术企业认定前的逆向选择问题并不严重。

第五，考察高新技术企业认定过程中会计选择行为的经济后果，研究发现了复审前的会计操控行为没有显著影响复审后企业的技术创新行为，表明高新技术企业认定后的道德风险行为并不显著。

第六，从微观层面具体提供如何加强高新技术企业认定前后会计信息质量过程管理的经验证据，为实现高新技术企业认定过程中相关会计信息的科学化与规范化提供具体政策支持。

第 2 章
基于会计信息披露视角的高新技术企业研发信息披露

2.1 引言

为实现以创新驱动经济增长的目标，企业研发活动得到国家宏观经济政策的支持，国家对被认定的高新技术企业提供税收优惠和财政资金支持。有不少研究关注高风险高投入的研发活动支出对企业价值与企业绩效的影响；然而，研发支出信息披露的选择性、规范性以及可靠性问题很少受到研究者关注。为此本章研究高新技术企业在认定前后研发支出的信息披露质量，研究对象包括在高新技术企业年报中不同位置披露的研发支出信息的形式、内容以及认定前后的变化。

我们手工收集整理所有被首次认定为高新技术企业的上市公司为研究对象。本书研究资料均来自上市公司公开年报（上交所、深交所网站或巨潮咨询网），研究时间跨度从 2007 年到 2013 年。通过梳理 526 家高新技术企业年报中披露的研发信息，我们发现高新技术企业研发信息披露位置主要集中在董事会报告与年报附注；在董事会报告中高新技术企业多选择用文字的形式来揭示企业研发的定量与定性信息；在资产负债表附注中高新技术企业主要选择数值化披露"开发支出"科目明细，在利润表"管理费用"附注中高新技术企业披露费用化研发信息，在现金流量表"支付的其他与经营活动有关的现金"的附注中高新技术企业披露相关研发信息。

对照财政部出台的相关准则与中国证监会相关规定中对研发信息披露的要求，我们发现披露研发支出总额的企业比重不高，研究阶段与开发阶段的区分含糊，研发信息质量存在披露内容不全面、披露形式散乱等问题。另外，上市高新技术企业披露的研发信息存在明显的不规范问题，无法验证研发数据间的勾稽关系，少数企业存在着明显错误。除此之外，本书研究发现高新技术企业在认定后虽然加强了对研发支出的信息披露，但是仍然存在不少信息披露问题。

研发信息披露存在的上述问题，会影响宏观产业政策和税收激励政策的实施，也会误导投资者、债权人的决策行为，还会造成相关研究结论的估计偏误。研发信息披露质量问题，导致研究者面对的是一个存在自选择问题的研发支出数据，同时也是一个口径不一致的研发支出数据，上述披露问题会给相关实证研究带来困扰。

以往的研究大多是从行业角度来挑选高新技术企业样本，本章研究的高新技术企业样本代表性较强，我们根据高新技术企业认定公告挑选 2008～2012 年被认定为高新技术企业的所有上市公司样本进行研究。很少有研究对高新技术企业认定前后研发支出信息的披露行为问题进行全面研究，本章研究内容全面翔实，对高新技术企业认定前后的年报进行了系统的比较研究，全面分析归纳了高新技术企业在董事会报告、资产负债表附注、利润表附注以及现金流量表附注中的研发支出披露情况，并提出了研发支出信息披露的改善措施。

2.2　研发信息披露的文献回顾

2.2.1　研发信息披露的发展历程

我国对研发费用的会计处理经历了三个阶段：研发支出全部资本化阶段开始于 1993 年《企业财务通则》；全面费用化阶段则起始于 2001 年《企业

会计准则——无形资产》颁布；2006 年至今一直处于有条件资本化阶段。我国企业研发费用信息披露则经历了如下发展历程：2000 年以前，企业对研发费用的信息披露属于自愿性行为，并没有相关制度准则要求。2001 年证监会发布了上市信息披露内容格式，要求企业需要披露研发费用的相关数据，但是其可以自愿选择是否详细披露研发支出的信息。朱朝晖（2005）发现在这一阶段，我国上市公司对研发活动的披露仅在损益表的管理费用中做简单的列示，而在报表附注中详细披露每年研发支出的具体项目数据的公司少之又少。2006 年我国财政部发布了修订后的《企业会计准则第 6 号——无形资产》，对研发信息的披露做出详细规定，要求企业在报表附注中应披露计入当期损益和确认为无形资产的研发支出金额。

与此相反，曼格娜（Mangena，2014）指出自愿性研发支出信息披露的重要性，认为强制性披露的信息不能令投资者判别企业研发支出的质量，但是自愿性披露的信息有助于鉴别不同研发水平的企业。特别地，具有较高水平无形资产的高新技术企业更加注重自愿披露，因为强制性的研发支出信息披露不充分展示其财务表现（Jones，2007）。但事实上，自愿性披露的研发信息也往往不能满足投资者的需要，一方面管理者很少披露一些重要信息，另一方面部分使用者缺乏理解研发信息内容的能力。我国高新技术企业对研发信息的披露处于自愿披露与强制披露相结合的阶段。

2.2.2 研发信息披露载体

研发费用披露可以通过财务报告内部和财务报告外部两种载体披露。加斯里（Guthrie，2004）提出公司年报是一种信息披露的正式报告形式，一直是公司披露研发信息的重点方式和学者研究的重要依据。但是近年来，针对年报研发信息披露的研究较少，一方面由于现有数据库中缺乏关于研发的完整信息，另一方面直接从年报中提取企业的研发信息的工作量较大（Merkley，2014）。由于按会计准则规定在财务报表内披露研发信息，不足以全面反映企业研发活动的投入状况及其效果（Lev，1999；La Rosa，2014）。为满足投资者、政府监管部门等利益相关者对企业透明度的信息要求，管理者选择通过公告、新闻信息发布、电话会议和公司网站等财务报表以外的形式，自愿披露更多关于研发活动的信息。戴德曼（Dedman，2008）以英国生物技术和制药行业 22 家企业为样本，通过研究自愿性信息披露对股价的影响，发现表外披露的研发信息对于高新技术企业极其重要。除此之外，赫希（Hirshey，2001）认为专利信息等非财务报表内信息的披露有利于增加研发活动信息的价值相关性。不可否认传统财务报表信息更加规范客观，但自愿性的表外披露作为一种补充，能帮助投资者全面评估企业的研发活动。

2.2.3　研发信息披露现状

美国公司对研发费用的会计核算，除了软件业外基本都采取费用化（Aboody and Lev，2008）。弗兰岑（Franzen，2009）考察了研发投入和股票回报存在价值相关性。盖尔布（Gelb，2002）研究发现具有较高水平无形资产公司更加重视补充披露报告。丁、恩特威斯特和施托洛韦（Ding，Entwistel and Stolowy，2004）发现加拿大披露研发支出信息的上市公司比例多于法国，是受到文化与市场差异影响的结果。对 A 股市场高新技术企业研发信息的研究从各个侧面发现了研发信息披露内容不够全面，赵武阳（2013）认为 A 股市场最认同董事会报告中披露的研发信息。多数上市公司研发信息披露内容仅仅是列示当年的支出数，没有涉及研发支出的明细项目和过程（梁莱歆和熊艳，2005）。张丹（2008）发现上市公司披露研发信息的频率极低，部分企业甚至没有披露已发生的研发费用。在中小企业板块的上市公司中，完全没有提及任何与研发相关信息的企业占总样本的 39.4%（王新红和杨惠瑛，2010）。

2.2.4　研发信息披露改进

通过梳理财务报表，改进研发信息披露。李巧巧（2004）建议对财务报告进行重新表述、附注和分类单独列报等方式，强化企业研发活动投入与产出方面的信息披露。研发费用信息披露作为无形资产信息披露的一个重要方面，在其披露过程中应将其来源及变动情况在附注中注明，还应单独设置一张包括研发的期限和经验等披露其研发能力的附表（王广庆，2004）。

通过改变会计处理，改进研发信息披露。阿纳格诺斯托普卢和李维斯

（Anagnostopoulou and Levis，2008）认为研发费用的资本化和摊销通过改善收入与费用的匹配关系，提高了盈余的价值相关性。邓和列夫（Deng and Lev，2006）的研究支持了 FASB 提出可将进程中研发资本化的提议。与此相反，罗霞、鲁若夫和段小华（2002）认为研发支出资本化增加了财务报表的虚假性、加重证券市场的不稳定性，提出应改进研发信息披露方式，将研发信息由隐性披露转向显性披露。

通过制度与政策支持，改进研发信息披露。内赫利、布贝克和拉哈尔（Nekhili，Boubaker and Lakhal，2012）发现随着相关法律的要求不断提升，大部分企业披露的研发信息质量也在不断地改善。一方面，通过完善研发信息披露准则的规定、加强证券监管部门对上市企业信息披露的市场监管，以督促上市公司按照相关的法律准则充分披露研发信息；另一方面，对于研发信息披露较好的企业给予相应的激励，对企业所披露的研发支出给予税收优惠政策，以此鼓励企业积极进行研发信息披露（梁莱歆和熊艳，2005）。

通过对过去文献的回顾可知：第一，以往文献大多是以研发具体披露的某一个角度来关注企业研发活动披露，其改善措施提出的关注面较窄；第二，以往文献没有研究高新技术企业在认定前后的研发信息披露情况，很少有文献从认定动机出发来考察高新技术企业在认定前的会计收入信息质量问题；第三，以往文献中的高新技术企业样本大多是挑选出特定行业的上市公司作为高新技术企业，并不是我国真正意义上的高新技术企业。我们选择被国家认定的高新技术企业为研究样本，以高新技术企业认定年份为界，全面归纳总结其认定前和认定后年报中研发信息的披露状况，分析探讨其中存在的问题，并提出具有针对性的改善措施。

2.3 董事会报告中高新技术企业认定前后研发信息的披露分析

2.3.1 董事会报告中研发信息的披露形式

上市高新技术企业在年报的董事会报告中的披露形式主要有两种。一种是文字型，用文字在"公司经营情况的回顾"或开辟"研发投入与成果"章节对研发项目的现状、面临的内外部风险、在市场竞争方面的优劣势，以及未来的发展潜力与战略规划进行描述；另一种是数值型，少数公司运用数量信息披露研发支出总额与它的营业收入占比或净资产占比。在所统计的高新技术企业样本中，在董事会报告中运用数量信息披露研发信息的公司远少于运用文字进行披露的公司。

2.3.2　董事会报告中研发信息的披露内容

2.3.2.1　文字型披露形式

董事会报告中文字型研发信息披露包括对研发项目的现状、研发活动未来的发展潜力与战略规划进行阐述。其具体内容包括：研发项目的名称、具体细节、模式、研发突破、成果的取得，还包括新专利项目的申请、新产品的推出、专利证书的颁发、技术的转移、专利产品的出售、研发方面奖项的取得等方面信息。

2.3.2.2　数值型披露形式

董事会报告中数值型研发信息披露内容有三种：

第一种披露研发支出总额与它的营业收入占比，有时还披露营业收入总金额信息。如表2-1新和成（002001）在认定后的年报中披露了近三年的研发支出总额、营业收入和占营业收入比重。

表 2-1　　　　　　　　　　新和成近三年的研发支出

项目	2007 年	2008 年	2009 年
研发支出总额（元）	1 778.59	8 191.31	10 539.23
营业收入（元）	174 787.5	331 396.2	289 822.5
占营业收入比重（%）	1.02	2.47	3.64

第二种是指高新技术企业披露企业研发支出总额、营业收入和研发占营业收入的比重数据，同时还披露费用化研发支出与资本化研发支出。如表 2-2 所示，黑牡丹在认定后的年报中披露了研发费用化与资本化的金额，大部分高新技术企业在董事会报告中披露的资本化研发支出的金额为零或是没有数据。

表 2-2　　　　　　　黑牡丹近三年的研发情况

项目	2011 年	2012 年	2013 年
研发费用（元）	1 005 580.00	34 960 765.67	34 327 288.96
资本化研发支出（元）		0	0
研发投入小计（元）	1 005 580.00	34 960 765.67	34 327 288.96
营业收入（元）	3 362 636 703.80	3 676 906 503.55	4 557 056 050.92
研发投入占营业收入比重（%）	0.03	0.95	0.75

第三种内容是指高新技术企业披露研发支出总额、它的期末净资产占比和营业收入占比等信息。绝大多数高新技术企业仅披露研发投入占期末净资产的比重，部分企业披露了期末净资产的金额。如表 2-3 所示，恒顺醋业在认定后的年报中披露研发投入总额及其占期末净资产的比重、占营业收入的比重信息。

表 2-3　　　　　　　恒顺醋业近三年的研发情况

项目	2011 年	2012 年	2013 年
研发投入金额（元）	5 395 819.69	5 588 602.36	28 110 031.74
占期末净资产的比重（%）		1.02	4.73
占营业收入的比重（%）	0.53	0.49	2.53

2.3.3　董事会报告中认定前后研发信息披露的变化分析

表 2-4 从是否披露研发信息、文字型研发信息和数值型研发信息三个角度列示了认定前后高新技术企业在董事会报告中的研发信息披露情况。从是

否披露研发信息的角度来看，超过一半的高新技术企业（53.80%）在认定前没有披露研究与开发的信息，认定后一年仅有28.33%的高新技术企业没有披露研发信息。从披露文字型研发信息的角度来看，认定前一年，有46.2%的高新技术企业在董事会报告中用文字披露了企业研发项目的地位、进展、盈利能力、风险等研发活动的信息。而在认定后一年，有71.67%的企业选择使用文字披露研发信息。从披露数值型研发信息的角度来看，仅8.56%的企业在认定前披露研发支出的"数量"信息，随着企业被认定为高新技术企业，披露数值型信息比例达到38.02%。综上所述，高新技术企业在认定后加强了研发信息的披露，但即便如此，在认定后高新技术企业的数值型研发信息仍然明显披露不足。

表2-4   高新技术企业认定前后董事会报告中研发信息披露的变化分析

项目	认定前一年		认定当年		认定后一年	
	企业数量（家）	占比（%）	企业数量（家）	占比（%）	企业数量（家）	占比（%）
没有披露	283	53.80	166	31.56	149	28.33
仅披露文字型研发信息	198	37.64	174	33.08	177	33.65
还披露了数值型研发信息	45	8.56	186	35.36	200	38.02

2.4 报表附注中高新技术企业认定前后研发信息的披露分析

高新技术企业研发信息在年报附注中的披露主要集中在四块：财务报表附注中划分研发阶段会计政策、资产负债表"开发支出"会计项目的附注、利润表管理费用会计项目的附注以及现金流量表的"支付的其他与经营活动有关的现金流量"会计项目的附注。

2.4.1 财务报表附注中研究与开发阶段的划分政策

财务报表附注中第二部分为主要会计政策、会计估计和前期差错，其中

"无形资产"章节披露了企业研究与开发阶段的划分政策。表 2 - 5 统计了在认定前有 14.83% 的企业没有披露两者区分标准，但在认定后所有企业都披露相关会计政策。其中，绝大部分认定后的高新技术企业依照《企业会计准则》中包括的五个条件来区分研究与开发阶段，只有不超过 0.76% 的高新技术企业披露了研发的详细区分标准。例如，华润三九在财务报表附注中明确指出开发阶段是取得国家药监局的批件到获取新药证书之间，取得药监局批件之前是研究阶段。

表 2 - 5　　　　　　　　　　研究与开发阶段的区分标准

项目	认定前一年		认定当年		认定后一年	
	企业数量（家）	占比（%）	企业数量（家）	占比（%）	企业数量（家）	占比（%）
没有披露	78	14.83	14	2.66	0	0.00
会计政策五个条件形式披露	445	84.60	509	96.77	522	99.24
企业具体情况形式披露	3	0.57	3	0.57	4	0.76

2.4.2 资产负债表附注研发信息的披露分析

2.4.2.1 资产负债表附注研发信息的披露形式与内容

高新技术企业在资产负债表附注中研发支出数据信息的披露形式有三种：简单披露、明细披露与项目披露。简单披露是指简单地披露研发支出信息，例如，经纬纺机简单披露了企业在报告年度发生的研发金额与增减幅度。

明细披露形式是指高新技术企业在附注中依次披露研发阶段资本化与费用化金额，包括每阶段计入当期损益与转入无形资产的金额。大部分高新技术企业的明细披露如表 2 - 6 大华股份在认定后年报中的披露形式。也有披露的较为粗糙的企业，例如，恒邦股份在开发项目支出情况表格中没有披露任何内容。特别地，大族激光在其认定后的年报中还披露了其将研发支出转入存货和固定资产。

表 2 - 6 　　　　　　　　大华股份内部研发项目支出　　　　　　单位：元

项目	期初金额	本期增加额	本期减少额		期末金额
			计入当期损益	确认为无形资产	
研究支出		49 465 341.46	49 465 341.46		
开发支出	3 595 624.17	2 973 086.33			6 568 710.50
合计	3 595 624.17	52 438 427.79	49 465 341.46		6 568 710.50

项目披露形式是指高新技术企业列举现行研发项目名称、开发支出的期初金额、期末金额以及当期的增减额，例如，拓维信息、金钼股份以具体项目形式揭示其开发项目支出情况。由表 2 - 7 可知，拓维信息本年新增对渠道集中运营管理系统和数据采集系统两个项目的研发支出。

表 2 - 7 　　　　　　　　拓维信息开发项目支出情况　　　　　　单位：元

项目	年初余额	本期增加额	本期减少额	年末余额
渠道集中运营管理系统	0	339 329.49	0	339 329.49
数据采集系统	0	358 485.56	0	358 485.56
合计	0	697 815.05	0	697 815.05

2.4.2.2　资产负债表附注中认定前后研发信息的披露变化

表 2 - 8 统计了认定前后高新技术企业在资产负债表附注中的研发信息披露情况。认定前，绝大部分企业（87.26%）没有在资产负债表附注中披露研发支出的相关信息。但是当企业被认定为高新技术企业的当年以及后一年，披露研发信息的企业从认定前一年的 12.74% 增长到 29% 左右。由此可见企业在认定过程中加强了对研发信息的披露。但高新技术企业在认定后，资产负债表附注研发支出信息的披露仍然明显不足（仅有 29.66%）。

表 2 − 8 　　　　高新技术企业认定前后资产负债表附注研发支出信息的披露变化分析

项目	认定前一年		认定当年		认定后一年	
	企业数量（家）	占比（%）	企业数量（家）	占比（%）	企业数量（家）	占比（%）
没有披露	459	87.26	373	70.91	370	70.34
进行了披露	67	12.74	153	29.09	156	29.66

2.4.3　利润表附注研发信息的披露分析

2.4.3.1　利润表附注中研发信息的披露形式与内容

部分高新技术企业在利润表管理费用会计项目的附注中披露当期费用化研发支出金额的比例，常见披露是企业研发支出所在的管理费用的增长幅度，少部分高新技术企业会披露研究费的当期发生额，还有极少数企业如表 2 − 9 中大族激光在认定后年报中披露了包含材料与人工在内的"技术开发费"明细。高新技术企业在披露过程中使用的二级科目也是多种多样：沈阳机床是"'三新'技术开发费"；还有"研究与开发费"（ *ST 关铝）、"产品研发费"（江淮动力）。这种二级科目的多样性影响了报表的可读性，干扰利益相关者对报表的使用。

表 2 − 9 　　　　　　　大族激光利润表附注中技术开发明细表

项目	2008 年度	2009 年度
技术开发费	85 764 670.49	116 587 398.31
其中：研究开发人员工资	54 746 340.50	78 516 182.75
研究开发耗用材料等	31 018 329.99	38 071 215.56

2.4.3.2　利润表附注中认定前后研发信息披露的变化分析

表 2 − 10 揭示了在利润表管理费用会计项目的附注中，披露研发信息的

21

企业比例从认定前 4.94% 提升到认定后 20.53%。尽管如此，即使是在认定之后，也有绝大多数企业（接近 80%）没有披露相关研发支出信息。

表 2 - 10　　高新技术企业认定前后利润表附注研发支出信息披露的变化分析

项目	认定前一年		认定当年		认定后一年	
	企业数量（家）	占比（%）	企业数量（家）	占比（%）	企业数量（家）	占比（%）
没有披露	500	95.06	423	80.42	418	79.47
进行了披露	26	4.94	103	19.58	108	20.53

2.4.4　现金流量表附注中研发信息披露分析

2.4.4.1　现金流量表附注中研发信息的披露形式与内容

在现金流量表"支付的其他与经营活动有关的现金流量"会计项目的附注中，高新技术企业会披露它为研发活动所支付的金额。常见的披露形式如表 2 - 11 沈阳机床"'三新'技术开发费"的付现额。高新技术企业在披露过程中使用的二级科目也是多种多样：山东海龙是"技术开发及转让费"；铜陵有色是"研究开发费"；合加资源、国风塑业是"科技研发费"。这种二级科目的多样性影响了报表的可读性，干扰利益相关者对报表的使用。

表 2 - 11　　　　支付的其他与经营活动有关的现金流量　　　　单位：元

项目	金额
"三新"技术开发费	22 447 850.73

2.4.4.2　高新技术企业认定前后现金流量表研发信息的变化分析

表 2 - 12 揭示了在高新技术企业认定前后，选择在现金流量表附注中披露研发信息的企业比例从 9.51% 提升至 24.14%。尽管如此，即使是在认定

之后，也有绝大多数企业（超过 75%）没有披露研发支出信息。

表 2 – 12   高新技术企业认定前后现金流量表附注研发信息披露的变化分析

项目	认定前一年		认定当年		认定后一年	
	企业数量（家）	占比（%）	企业数量（家）	占比（%）	企业数量（家）	占比（%）
没有披露	470	90.49	413	76.62	410	75.86
进行了披露	56	9.51	113	23.38	116	24.14

2.5　高新技术企业研发信息披露存在的问题与改进措施

2.5.1　高新技术企业研发信息披露存在的问题

2.5.1.1　研发信息披露规范性不足

（1）承载高新技术企业数值型研发信息的形式比较混乱。在资产负债表附注中数据披露的形式存在简单、明细与项目三种，形式各异的表格传递的研发信息迥然不同。会计科目名称不规范，研发数据的内容格式混乱。高新技术企业在管理费用附注中披露研发支出的科目有"三新"技术开发费、研究与开发费、产品研发费、研究开发费、技术提成费、研发及高新费以及技术开发服务费等，而在现金流量表附注中披露研发支出的科目有"三新"技术开发费、技术开发费、研究开发费、科研开发支出及科技研发费等。不同的企业在附注中使用的名称不同，乃至同一企业在同一财务报告的不同附注部分的科目名称也迥然不同。

（2）数值型研发信息披露比重较低。年报中披露数值型研发信息的高新技术企业比重明显低于选择文字进行披露的企业，即使在认定后，在董事会报告中仍然有超过 60% 的高新技术企业没有披露研发支出数值型信息；在资产负债表附注中仍然有 70.34% 的高新技术企业没有披露研发支出数值型信息；在利润表和现金流量表附注中没有披露研发支出信息的高新技术企业超过 70%。

（3）划分研究阶段与开发阶段的标准不明确。高新技术企业研发支出的会计处理既可以选择资本化也可选择费用化，关键在于划分研发阶段与开发阶段的具体标准，以及资本化与费用化的具体标准。只有 0.76% 的企业披露了划分研究与开发阶段的具体标准，其他 99.24% 的企业只是重复《企业会计准则》的一般标准，这种模糊的划分会留给企业较大的盈余操纵空间。管理层可通过加大资本化、虚减费用以夸大利润，也可以通过加大费用化以降低利润。

2.5.1.2 研发信息披露的可靠性需要提高

（1）无法验证研发数据间的对应关系。根据数据的对应关系，高新技术企业的研发支出总额应当等于其资本化与费用化金额的合计数，董事会报告与资产负债表附注中开发支出的当期资本化金额应该一致。通过对比与筛选发现只有极少的高新技术企业同时披露了这些数值型信息，但数据却无法对应与验证。海思科在资产报表开发支出会计项目的附注中披露当期资本化金额为 2 055 095.00 元，在利润表管理费用会计项目的附注中披露研发费用金额 62 850 143.42 元，在董事会报告披露当期研发支出总额 64 900 000.52 元，前两数之和不等于后者，数据差异是 5 237.90 元。

（2）部分企业披露内容少。高新技术企业在报表中选择较少的章节进行披露，绝大多数高新技术企业在董事会报告或者报表附注中选择一个部分进行详细披露。例如，雪莱特在资产负债表附注中只披露了关于界定研究与开发阶段的会计政策。从披露的具体内容来说，高新技术企业基本都忽略披露研发项目的劣势、当前面临的风险和研发失败的具体情况。

（3）部分企业披露存在明显错误。根据会计核算要求，当期研究阶段支出应在期末结转到管理费用项目，管理费用在会计期末结账无余额。然而，如表 2 – 13 所示，沈阳机床资产负债表附注"开发支出"披露了研发支出的期初、变动与期末金额，但表中显示还有费用化"研究支出"在会计期末没有结转到管理费用，还有 1 025 641.03 元的余额。

表 2 - 13   沈阳机床开发项目支出   单位：元

项目	年初余额	本期增加	本期转出数		年末余额
			计入当期损益	确认为无形资产	
研究支出		5 550 942.80	4 525 301.77		1 025 641.03
开发支出					
合计					

2.5.2 高新技术企业研发信息披露改进建议

2.5.2.1 企业必须将当期研发费用总额数值直接纳入会计报表

2018 年之前企业的研发费用被包含在管理费用中，但如果仔细思考，管理费用与研发费用在本质上完全不同。在现有的研发披露体系中，三大会计报表中没有数字可以总括企业研发费用总额。现实情况是，即使对于会计信息质量相对较好的上市公司，高新技术企业当期的研发费用总额也是很少在附注中披露。上市公司在董事会报告或者会计报表附注中披露研发信息，形式与名称也是五花八门，数字背后的规范性与可靠性都不能深究。因此，现实世界我国大部分企业的研发费用不能深究，导致高新技术企业认定过程中企业、科技部门与税务部门经常为研发费用数字问题"互掐"；同时，科技部门与国家宏观掌握的企业研发费用总额是企业自己报告的数字，可靠性也不得而知。

因此，需要重构研发信息披露的内容与形式，首先需要将利润表中管理费用中的研发费用会计项目剥离出来，将研发费用设置为一级会计科目与利润表会计项目。换言之，管理费用是管理费用，研发费用是研发费用，两者不能混为一谈。关于研发费用科目的具体会计核算，本书在后续根据三种研发信息之间的内在逻辑关系进行具体设计。

2.5.2.2 结合行业标准披露研究阶段与开发阶段具体区分标准

由于会计处理中研究阶段与开发阶段自主划分的主观性较强，研究阶段和开发阶段的区分标准模糊不具体，高新技术企业可以借此运用会计政策选择来操控利润。因此高新技术企业应该披露其具体区分标准，并根据行业研发活动的共同特征来进行区分标准划分，必须强制披露研究阶段与开发阶段的具体区分标准，以提高研发信息会计数据的可理解性与可比性。

2.5.2.3 设置"研发支出"四级明细会计科目与四种"研发支出"明细账

为便于后续企业的研发费用归集，企业在具体会计核算中应设置"研发支出"四级明细会计科目与四种研发支出明细账。首先，必须要求将发生的研发费用通过"研发支出"项目归集。其次，将"研发支出"二级明细科目根据具体研发项目编号设置。再其次，将"研发支出"三级科目按照具体费用项目设置：委托研发费用、直接投入费用、人员人工费用、折旧费用、无形资产摊销、新产品设计费用与其他相关费用。此外，将"研发支出"四级明细科目设置为"研究阶段""开发阶段（资本化）""开发阶段（费用化）"三个明细科目进行会计核算。

根据具体研发项目编号就可知研发支出的账簿类型，设置四种类型的研发支出明细账：自主研发明细账、合作研发明细账、集中研发明细账、委托研发明细账。此时研发支出账簿体系就包括四种形式的研发支出明细账与研发支出汇总表。四种形式的研发支出明细账分别是：自主研发"研发支出"明细账、委托研发"研发支出"明细账、合作研发"研发支出"明细账与集中研发"研发支出"明细账。

2.5.2.4 期末将"研发支出"汇总结转或留存

当期期末（或月末）汇总当期的"研发支出"。当期不需要资本化的"研发支出"，当"研发支出"的四级明细科目为"研究阶段"与"开发阶段（费用化）"时，将"研发支出"当期结转到"研发费用"；当期需要资本化的"研发支出"，即当"研发支出"的四级明细科目为"开发阶段（资本化）"时，将其在研发支出科目内留存或结转到相关资产科目。这样进行核算，就能自动建立起下面研发支出会计核算的下列勾稽关系。

勾稽关系一：当期研发支出发生额 = 当前研究支出发生额 + 当前开发支出发生额。

勾稽关系二：期初开发支出总额 + 当期开发支出发生额 – 开发支出费用化 – 开发支出转入资产类科目 = 期末挂账的开发支出余额。

如果企业披露上述两个勾稽关系，它的具体会计核算的总括内容就会非常清晰地呈现出来，将会为区分三种研发费用概念带来很大的便利。

除此之外，企业还可以选择性披露关于研发的定性信息，例如，企业可以自愿披露研发活动现状简介、未来发展规划、研发项目名称、在研项目模式、研发成果的取得等，也可以详细披露研发项目的优势与劣势、研发进展情况、盈利能力及各方面的风险等内容。然而，如果企业考虑这些具体定性信息的披露会影响其技术竞争优势，也可以选择不披露。

2.6 本章小结

高新技术企业是实践科技兴国的主力军，其研发信息披露质量深刻影响宏观产业政策与税收激励政策的实施。本章梳理了 526 家上市高新技术企业的年报，高新技术企业研发信息的披露主要集中在董事会报告和年报附注两个部分。前者主要运用定性文字阐述企业研发项目、项目战略规划、潜力与成果等信息，年报附注中主要运用数量化信息披露研发支出的总额与具体研发项目的明细。通过对比年报中的定性与定量研发信息，发现高新技术企业在认定前的研发信息披露质量明显不如认定后。但是总体而言：我国高新技术企业研发信息披露规范性不足以及可靠性需要提高，信息规范性不足表现在承载高新技术企业数值型研发信息的形式比较混乱、数值型研发信息披露比重较低、研究阶段与开发阶段的会计政策区分含糊等问题；信息可靠性需要提高表现在部分企业披露错误、无法验证研发数据间的内在关系，公司较少披露研发支出信息等方面。

本章考察的上市高新技术企业研发信息披露质量尚且如此，一般非上市高新技术企业的信息质量更值得担忧。因此，本章建议重构规范的研发信息披露形式与内容，企业必须将当期研发费用总额数值直接纳入会计报表。在后续章节的研究中，我们从其他视角进一步揭示了以往研发费用会计核算与披露方法的缺陷在于，现有研发费用的会计核算具体方法与后续的研发费用的归集之间脱节，缺乏清晰勾稽关系。因此，经常导致不同部门为三种研发费用的内涵与数值发生争议。

第 3 章

基于高新技术企业认定视角的研发费用专项审计案例研究

3.1 引言

创新为国家发展提供不竭动力，科技创新彰显了国家的核心竞争力。改革开放 40 多年来，我国在创新方面与尖端技术领域有了一定基础，然而，从整体上看，我国仍然面临科技发展水平不高、核心科技创新能力不强、对经济增长贡献率较低等问题。2018 年发生的中兴通讯"断芯"事件更加警示我国企业研发能力不足，仍然需要持续保持快速增长态势。为鼓励企业加大研发投入，2008 年推出、2016 年修订的《高新技术企业认定管理办法》，就是为了鼓励更多企业加大自主创新力度。

自从推出高新技术企业资格认定制度与相应税收优惠政策以来，越来越多的企业获得了高新技术企业资格。其中，企业申报的研发费用达标是取得高新技术企业资格的必要条件，企业申报的数据是否符合相关规定，能否被高新技术企业资格会审中的各方所认可，是高新技术企业认定中困扰各方的关键问题。为鉴证研发费用数值的可靠性，就需要事务所等第三方鉴证机构的审计师执行恰当审计程序与审计方法，出具研发费用专项审计报告。

迄今为止，对高新技术企业资格认定中研发费用专项审计的研究较为匮乏，为此，本章基于高新技术企业认定中研发费用专项审计视角，对研发费用专项审计进行案例研究。考察企业在研发费用认定中存在的舞弊风险、具体审计重点、难点与应对措施，以检查企业研发支出的可靠性。并思考如何进一步规范企业研发支出的核算与管理，为相关机构在制定政策时提出改进建议。

3.2　高新技术企业认定的相关政策依据

3.2.1　相关政策

2008 年，科技部、财政部和国家税务总局联合颁布了《高新技术企业认定管理办法》与《高新技术企业认定管理工作指引》，规定相关部门依照本办法，每年对申报企业进行高新技术企业资质认定。2011 年，科技部颁布了《关于高新技术企业更名和复审等有关事项的通知》，就高新技术企业更名、2011 年复审及认定工作的有关事项进行说明。2016 年，三部委根据执行过程中发现的问题修订重新颁布了《高新技术企业认定管理办法》，将规模较小的中小企业的研发费用收入占比从 6% 门槛线降低到 5%，以鼓励万众创新。

3.2.2　三种研发费用外延比较

为厘清现实中财税、科技部门在高新技术企业认定过程中对不同研发费用外延的不同之处，我们根据 2016 年的《高新技术企业认定管理办法工作指引》、2015 年颁布的《关于完善研究开发费用税前加计扣除政策的通知》与2017 年公告的《研发费用加计扣除优惠明细表》，具体讨论企业会计核算中、高新技术企业认定中、加计扣除中研发费用的归集范围，比较其外延差异，会计核算中研发费用的外延最大，如表 3－1 所示。会计核算与高新技术企业认定中研发费用的归集差异主要表现在合作与委托费、其他费用两项。会计核算与加计扣除中研发费用的归集差异主要表现在与研发相关房屋的租赁费用、与研发相关房屋的折旧、是否包括委托境外研发所发生的费用、其他费用等四项。加计扣除与高新技术企业认定中研发费用的归集差异主要表现在相关的房屋租赁费、相关房屋折旧、合作与委托费以及其他费用等项目。

表 3 – 1　　会计核算、高新技术企业认定与加计扣除中的研发费用具体外延的比较

项目	会计核算、高新技术企业认定、加计扣除中研发费用	
	三者外延的共同之处	三者外延有无不同之处
人员人工费	1. 直接从事研发活动人员工资薪金 2. 直接从事研发活动人员五险一金 3. 外聘研发人员的劳务费用	三者外延一致
直接投入费	1. 研发活动直接消耗材料 2. 研发活动直接消耗燃料 3. 研发活动直接消耗动力费用 4. 用于中间试验和产品试制的模具、工艺装备开发及制造费 5. 用于不构成固定资产的样品、样机及一般测试手段购置费 6. 用于试制产品的检验费 7. 用于研发活动的仪器、设备的运行维护、调整、检验、维修等费用 8. 通过经营租赁方式租入的用于研发活动的仪器、设备租赁费	加计扣除研发费用中不包括相关房屋的租赁费用，会计核算与高新技术企业认定中可以包括与研发相关房屋的租赁费用
折旧费与长期待摊费用	1. 用于研发活动的仪器的折旧费 2. 用于研发活动的设备的折旧费	加计扣除研发费用中不包括房屋的折旧，会计核算与高新技术企业认定中可以包括与研发相关房屋的折旧
新产品设计费等	1. 新产品设计费 2. 新工艺规程制定费 3. 新药研制的临床试验费 4. 勘探开发技术的现场试验费	三者外延一致
无形资产摊销	1. 用于研发活动的软件的摊销费用 2. 用于研发活动的专利权的摊销费用 3. 用于研发活动的非专利技术（包括许可证、专有技术、设计和计算方法等）的摊销费用	三者外延一致

项目	会计核算、高新技术企业认定、加计扣除中研发费用	
	三者外延的共同之处	三者外延有无不同之处
装备调试费和试验费用	1. 装备调试费用是指工装准备过程中研究开发活动所发生的费用，包括研制特殊、专用的生产机器，改变生产和质量控制程序，或制定新方法及标准等活动所发生的费用。为大规模批量化和商业化生产所进行的常规性工装准备和工业工程发生的费用不能计入归集范围 2. 试验费用包括新药研制的临床试验费、勘探开发技术的现场试验费、田间试验费等	三者外延一致
合作与委托费	委托外部机构或个人进行研发活动所发生的费用	会计核算中无具体限制。高新技术企业认定中境内费用不低于60%，委托境外发生费用不高于40%。加计扣除中不包括委托境外进行研发活动所发生的费用。但《财政部　税务总局　科技部关于企业委托境外研究开发费用税前加计扣除有关政策问题的通知》决定自2018年取消企业委托境外研发费用不得加计扣除限制
其他费用	1. 技术图书资料费、资料翻译费、专家咨询费、高新科技研发保险费 2. 研发成果的检索、分析、评议、论证、鉴定、评审、评估、验收费用 3. 知识产权的申请费、注册费、代理费 4. 职工福利费、补充养老保险费、补充医疗保险费 5. 差旅费、会议费	会计核算没有具体限额规定；高新技术企业认定规定不得超过20%限额，加计扣除中规定不得超过10%限额

我们下面对现实中关于研发费用范围归集的争议问题进行讨论。

（1）参与研发的管理人员的人员人工费用。我们认为，如果不是直接的研发人员，而是企业其他部门的管理人员，虽然其可能参加了对研发活动的管理，该管理人员的工资薪酬仍然不应当属于研发费用；将其他部门管理人员工资计入研发费用较大程度上是进行研发支出的会计操控行为。当然，企业内设研发部门的技术主管，其工资薪酬当然应当归入研发费用的外延。

（2）固定资产既用于生产也用于研发活动。如果某一设备既用于生产又用于研发，我们认为，如果企业不能提供详细的生产用和研发用固定资产的具体使用时间、研发情况与具体生产情况，企业不可将该设备折旧计入研发费用。如果企业能够提供详细的生产用和研发用固定资产的具体使用时间、研发情况与具体生产情况，企业可使用时间分摊方法将该设备折旧研发期间的折旧计入研发费用。

3.3　高新技术企业认定中的研发费用专项审计分析

3.3.1　专项审计重点

3.3.1.1　舞弊动因

我们运用风险因子理论来解释舞弊动因。在高新技术企业认定过程中的个别风险因子是，申报企业会为达到一定研发强度而设法向上操控研发费用。除个别风险因子外，企业还可能因为研发费用归集对象较多，而外部审计师不容易发现企业操控行为；还有研发费用归集所依赖的会计核算和管理很容易不规范，管理层很容易就研发支出创造舞弊机会，这体现在审计人员就研发费用中的人员工资、耗用材料等归集项目在具体审计层面只能较多依赖于主观判断。除此之外，税务机关与科技部门就研发费用存在不同理解。诸如此类的这些一般风险因子都降低了企业舞弊被发现的概率。

3.3.1.2　专项审计重点

重大错报风险包括会计确认与计量的经济事项是否发生或者是否完整。企业研发支出的重大错报风险主要指经济业务是否发生，这是由上述舞弊动因引起的。审计师在实施专项审计时首先应当进行风险评估，与此同时，注册会计师应当特别重点关注申报企业的研发费用是否发生、研发项目存在与否、相关金额属实与否。

3.3.2 专项审计应对措施

审计师对拟申报高新技术企业进行研发费用专项审计时，首先需要对研发费用的重大错报风险进行风险评估，对企业相关内控进行有效性测试，检查关键风险控制点，在此基础上，再进行具体研发费用的实质性测试。如果企业研发费用会计核算十分细化且规范完整，可以对其展开实质性分析程序；否则，需要展开具体的细节测试。审计师需要在审计工作底稿中详细记录审计程序、审计证据、判断过程与审计结论等。

3.4 高新技术企业认定中的研发费用专项审计案例分析

3.4.1 企业概况

X公司是主营信息产业的国家重点高新技术企业，中国电子信息百强企业之一，曾经主持过国家"863"计划。该公司已经完成项目涉及建材交通、燃气、金融、房地产政府部门、通信、交通、能源等行业。事务所的专项审计意见认为X公司的研发费用结构明细表已依据相关规定编制，在所有重大方面公允的反映该企业的研发费用情况。

3.4.2 专项审计重点

X公司的管理层可能为了享受高新技术企业的税收优惠政策而操控研发费用数据，这种强烈动机会造成企业研发费用发生重大错报风险，审计师应当首先对企业进行风险评估，对会计核算等业务流程的内控有效性进行测试。在此基础上，如果企业研发费用会计核算十分细化且规范完整，可以对其展开实质性分析程序；否则审计师应展开具体的细节测试，重点关注申报企业研发费用的发生，检查研发费用数字的可靠性。

仔细阅读审计工作底稿中 X 企业研发费用的汇总表 3-2 可知：2009 年度，X 公司 R&D 08 项目发生了委托外部研发费用外，其余八个研发项目的研发支出均为人员人工费与其他费用，其中人员人工占比 70% 以上。因此，审计师应该重点关注企业人员工资研发费用的真实性，运用充分的审计证据去审查人员工资发生与否，特别关注是否高估。

表 3-2　　　　　　　　　　X 公司年度研究开发费用结构明细表

2009 年度　　　　　　　　　　　　　　　　　　　　　　　　　　　　单位：万元

项目	研发项目编号									合计
	R&D 01	R&D 02	R&D 03	R&D 04	R&D 05	R&D 06	R&D 07	R&D 08	R&D 09	
内部研究开发投入	2.845	3.532	1.095	10.581	11.743	1.712	0.382	1.047	12.478	45.415
其中：人员人工	2.845	3.532	1.095	10.581	11.743	1.712	0.382	1.047	12.478	45.415
直接投入										
折旧费										
设计费										
设备调试费										
无形资产摊销										
其他费用	0.281			0.944	0.741				0.927	2.893
委托外部研究开发投入额								13.831		13.831
其中：境内的外部研发投入额										
研究开发投入额（内、外部）小计	3.126	3.532	1.095	11.525	12.484	1.712	0.382	14.878	13.405	62.139

如果将审计研发费用是否发生，落实到 X 企业的审计实践中，总体来看，企业高估研发费用的手段不外乎两种方式：一是虚构研发支出。企业为取得高新技术企业资格以享受高新技术企业税收优惠政策，很可能人为制造

出研发费用，例如，虚构不实的项目、人员工资等；二是将其他费用"李代桃僵"，将企业真实发生但不应该归属于研发支出的项目"李代桃僵"为研发部门的费用。例如，将产品正常生产过程中的原材料消耗记录到研发支出项目中。

3.4.3 审计证据分析

X 公司 2009 年研究开发费用总额是 62.139 万元，研发都是在境内发生，它的近一年的营业收入占比超过 18%，远超高新技术企业研发强度的要求。2009 年 12 月 31 日，X 企业将研发支出结转到在"管理费用——研发费用"会计科目中。审计师在工作底稿中列示了几笔凭证抽查记录：

2009 年 4 月 30 日的现 81 号凭证（支付工资）

借：管理费用——工资	19 409.40
销售费用——工资	21 126.20
研发支出——费用化支出	51 967.50
贷：应付职工薪酬——工资	92 503.10
借：应付职工薪酬——工资	92 503.10
贷：库存现金	92 503.10

2009 年 10 月 22 日的转 15 号凭证（支付技术服务费）

借：研发支出——费用化支出	138 631.90
贷：应付账款	138 631.90

2009 年 12 月 31 日的转 33 号凭证（提取当月工资及保险）

借：管理费用——社会保险	13 487.12
管理费用——工资	26 100.00
销售费用——工资	38 440.00
研发支出——费用化支出	84 585.00
贷：应付职工薪酬——工资	162 612.12

这三笔记录与企业凭证记录相一致，只能说明 X 企业研发支出的归集汇总有一定依据，然而，这无法判断研发支出发生与否。我们阅读工作底稿，发现如下异常之处：研发支出总额竟然大于 X 企业利润表中管理费用和销售

费用数值之和。该公司没有将研发支出资本化，费用化研发支出期末应当结转到管理费用，换言之，管理费用数值中的一部分是企业的研发费用。研发支出不可能大于管理费用和销售费用之和，这暗示着企业存在高估研发支出的错报风险。这至少意味企业的研发支出会计核算缺乏规范性，只有申报企业是将研发支出记录在非"管理费用"项目中，才可能出现研发支出大于管理费用和销售费用之和。

综上，审计师在工作底稿中只执行了若干凭证抽查程序，以及在上面发现的异常之处，都说明了审计师提供的审计证据不足，不足以对 X 企业研发费用的可靠性发表签证意见。审计师对于研发支出费用化支出中的工资占比较高，应该实施进一步的审计程序，收集更多的审计证据。审计师需要更多审计证据以检查研发费用是否发生，例如，查看工资汇总表、聘用合同、学历、毕业专业、社保情况等资料再做出审计判断。

除此之外，X 公司仅有一个 R&D 08 项目发生委托外部研发支出，审计师取得了在科技局备案的合同，其中包括研究进度与预算、成果的归属、失败风险如何承担、涉密条款等内容。我们认为，审计师还需取得进一步的审计证据以检查与判断该项目是否有效发生，例如，检查相关资金流水、研发项目具体进度等内容。

3.4.4　对审计师的走访

我们于 2016 年底走访了业内一家具有承接高新技术企业认定资质和加计扣除专项审计资格的知名会计师事务所，并特别拜访了该事务所一位实践经验丰富的审计师，以考察专项审计现状。他曾为数百家高新技术企业提供了研发费用的专项审计工作，非常了解高新技术企业的专项审计现状。该审计师向我们反映了高新技术企业研发费用专项审计当时的情况：他所在的事务所已经不承接研发费用专项审计工作；较多的中等规模以上事务所不愿意承接该业务。原因在于，如果审计师要作出较为客观的审计判断，审计师不仅需要进行风险评估，对研发费用会计核算系统的内控的检查与记录，执行充分的细节测试；还需要咨询具有专业优势的科技专家，与科技专家结合对研发费用是否发生进行仔细检查，才能取得充分的审计证据支撑审计结论。但是，在现实的审计过程中，囿于审计成本的约束，审计师很少能聘请非常专业的科技专家进行咨询，只能通过检查相关会计记录与凭证，主观判断该业务是否发生。这导致研发费用专项审计的审计结论发生错判的可能性与审计风险较高。

3.5　本章小结

本章对 X 公司在高新技术企业认定中研发费用专项审计情况进行分析，通过对审计工作底稿的分析发现该公司研发费用信息的相关审计证据不足。例如，X 公司 2009 年度的研发支出总额竟然大于管理费用和销售费用总额，这至少表明企业财务人员的研发支出会计核算方法并没有为后续高新技术企业资格认定中研发费用的归集提供坚实的归集基础，会计核算研发费用数据与高新技术企业认定中研发费用数值之间缺乏内在逻辑结构的一致性。我们还访谈了事务所一位曾为数百家高新技术企业提供了研发费用的专项审计工作的审计师，访谈信息也从侧面反映出我国高新技术企业认定过程中存在研发费用信息的披露存在规范性与可靠性问题。总体上，案例中的审计师缺乏对风险评估过程的记录，缺乏对研发费用会计核算系统的内控的检查与记录，没有咨询具有专业背景的科技专家，没有执行充分的细节测试，缺乏充分审计证据支撑审计结论。

第 4 章
基于专项审计视角的研发费用加计扣除案例研究

4.1　引言

自 2007 年《中华人民共和国企业所得税法》与《中华人民共和国企业所得税实施征管条例》的颁布确定了研发支出加计扣除政策以及可扣除比例，具体政策执行一直处于修订与调整之中。2015～2022 年财税部门就研发费用加计扣除共出台了十多项具体公告来规范或调整实施中发现的问题，凸显了研发费用加计扣除工作在实践中的动态性与复杂性。在实践中，财税部门与科技部门对于研发费用如何界定口径有较大差异，会计核算、加计扣除与高新技术企业认定中研发费用不一致，科技部门和财税部门之间难以达成共识，税务部门担忧高新技术企业研发支出核算与纳税申报可能存在重大错报风险。会计或税务师事务所对研发费用进行专项审计并出具审计意见，是研发支出加计扣除税收优惠执行的前置条件，也是税务机关认可企业研发费用的必要条件。

鉴于对研发费用核算与加计扣除相关问题专项审计的案例研究较为匮乏，为此，本章基于研发费用专项审计视角，考察某高新技术企业加计扣除研发费用如何归集以及会计核算与披露，分析企业潜在的舞弊风险，探究研发用专项审计中的具体审计风险点与审计难点，并给出具体的应对措施以检查企业研发支出的可靠性及有效性，思考如何规范企业研发支出的会计核算，为相关机构实施研发支出税收优惠规定提供具体政策建议。

4.2 高新技术企业研发费用加计扣除的相关政策

4.2.1 研发费用加计扣除的相关政策

为鼓励企业增加研发投入，2007 年《中华人民共和国企业所得税法》以及《中华人民共和国企业所得税实施征管条例》颁布规定了研发支出可加计扣除以及研发费用加计扣除具体比例。除上述文件外，如表 4 - 1 所示，在税务部门的征管实践中，财政部、国税总局屡屡出台关于研发费用的系列重要政策文件，为何两部门就研发费用加计扣除问题连续出台系列文件？这反映出研发费用加计扣除问题的困难与复杂性，究其原因是在实践中研发费用加计扣除具体引发的争议之处不少；现实中的各部门为不同研发费用数值的复杂性与规范性问题备受困扰，无法厘清其中的差异性。

表 4 - 1　　　　　　　　加计扣除中研发费用的算法

行次	项目
3	一、自主研发、合作研发、集中研发（4 + 8 + 17 + 20 + 24 + 35）
4	（一）人员人工费用（5 + 6 + 7）
5	1. 直接从事研发活动人员工资薪金
6	2. 直接从事研发活动人员五险一金
7	3. 外聘研发人员的劳务费用
8	（二）直接投入费用（9 + 10 + … + 16）
9	1. 研发活动直接消耗材料

行次	项目
10	2. 研发活动直接消耗燃料
11	3. 研发活动直接消耗动力费用
12	4. 用于中间试验和产品试制的模具、工艺装备开发及制造费
13	5. 用于不构成固定资产的样品、样机及一般测试手段购置费
14	6. 用于试制产品的检验费
15	7. 用于研发活动的仪器、设备的运行维护、调整、检验、维修等费用
16	8. 通过经营租赁方式租入的用于研发活动的仪器、设备租赁费
17	（三）折旧费用（18＋19）
18	1. 用于研发活动的仪器的折旧费
18	2. 用于研发活动的设备的折旧费
20	（四）无形资产摊销（21＋22＋23）
21	1. 用于研发活动的软件的摊销费用
22	2. 用于研发活动的专利权的摊销费用
23	3. 用于研发活动的非专利技术（包括许可证、专有技术、设计和计算方法等）的摊销费用
24	（五）新产品设计费等（25＋26＋27＋28）
25	1. 新产品设计费
26	2. 新工艺规程制定费
27	3. 新药研制的临床试验费
28	4. 勘探开发技术的现场试验费
29	（六）其他相关费用（30＋31＋32＋33＋34）
30	1. 技术图书资料费、资料翻译费、专家咨询费、高新科技研发保险费
31	2. 研发成果的检索、分析、评议、论证、鉴定、评审、评估、验收费用
32	3. 知识产权的申请费、注册费、代理费
33	4. 职工福利费、补充养老保险费、补充医疗保险费
34	5. 差旅费、会议费
35	（七）经限额调整后的其他相关费用
36	二、委托研发［(37－38)×80%］
37	委托外部机构或个人进行研发活动所发生的费用

续表

行次	项目
38	其中：委托境外进行研发活动所发生的费用
39	三、年度研发费用小计（3＋36）
40	（一）本年费用化金额
41	（二）本年资本化金额
42	四、本年形成无形资产摊销额
43	五、以前年度形成无形资产本年摊销额
44	六、允许扣除的研发费用合计（40＋42＋43）

资料来源：《研发费用加计扣除优惠明细表》。

4.2.2　加计扣除中研发费用的外延

为优化税收环境，减轻纳税人具体办税负担，国税总局在 2017 年 12 月底将所得税年度纳税申报表进行了优化，发布了《中华人民共和国企业所得税年度纳税申报表（A 类，2017 年版)》，并对《研发费用加计扣除优惠明细表》做了优化、调整，以较好反映研发费用加计扣除的具体内涵。我们从该表中截取加计扣除研发费用计算中需要的两个重要概念"年度研发费用""允许扣除的研发费用"的外延，如表 4－1 所示。表中第 39 行是企业当期归集的研发支出，表中第 44 行是企业当年允许加计扣除的研发费用。

4.3　高新技术企业研发费用加计　　扣除专项审计案例分析

4.3.1　专项审计重点

4.3.1.1　舞弊动机

从舞弊动因论的角度出发，在高新技术企业研发费用加计扣除的专项审计中也潜藏着个别风险因子与一般风险因子。高新技术企业加计扣除中向上操控费用的最主要个别风险因子是为了少缴所得税；除此之外，直接材料投入是否应当归属于研发费用等具体审查需要较多主观判断，"李代桃僵"地向上操控研发费用行为不易被发现，即使操控行为被查出处罚力度也轻。诸如此类一般风险因子会导致企业向上操控研发费用。

4.3.1.2　审计重点

审计过程中的重大错报风险表现在会计确认与计量的经济事项是否发生或者是否完整。企业加计扣除中研发费用的重大错报风险主要指经济业务是否发生，这是由前述舞弊动因引起的。审计师在实施专项审计时首先应当进行风险评估，与此同时，注册会计师应当特别重点关注纳税申报企业的研发费用是否发生、研发项目存在与否、相关金额属实与否。

4.3.2　审计重点分析

Y 股份有限公司是总资产约 12 亿元的国家重点高新技术企业，曾经取得"百姓放心药"品牌等称号。Y 企业还是拥有药物研究所的国有控股医药企业，不少中高级研究人员与多名优秀专业研究人员坚持研发与经营良性互动，生产有良好市场前景的高附加值医药产品。

Y 公司的管理层存在为了享受研发费用加计扣除优惠政策而操控研发费用数据的动机，这种强烈动机会带来企业研发费用发生重大错报风险，审计师应当首先对企业进行风险评估，对会计核算等企业业务流程的内控有效性进行测试。在此基础上，如果企业研发费用会计核算十分细化且规范完整，可对其展开实质性分析程序；否则审计师师应展开具体的细节测试，重点关注申报企业研发费用发生与否，相关数字准确与否。

在实践中，Y 企业无外乎采取两种方式来高估可加计扣除的研发费用：一是虚构研发支出。例如，虚构研发项目、研发人员与人员工资等；二是"李代桃僵"。例如，将与研发部门无关的费用、材料消耗记录到了研发费用。

4.3.2.1 研究开发费用情况归集表审计之比较

表 4-2 是 Y 企业所有研发项目审计后的研发费用汇总表，审计前比审计后研发费用总额多 7 246.68 元。进一步查阅审计工作底稿进行比较，找出了审计前后研发费用存在 7 246.68 元差额的原因所在。在 Y6 项目中，与研发活动直接相关的其他费用的发生额为 3 500 元不被审计师认可；在 X2 项目中，与研发活动直接相关的其他费用的发生额 3 746.68 元也不被审计师认可。

表 4-2 　　Y 企业研发项目可加计扣除研究开发费用情况归集汇总表

（已列入无形资产成本的费用除外）

纳税人名称（公章）：　　　　　　　纳税人识别号：

20××年度　　　　　　　　　　　　　　　　　　金额单位：元

序号	费用项目	发生额
1	一、研发活动直接消耗的材料、燃料和动力费用	765 803.38
2	1. 材料	551 473.13
3	2. 燃料	85 983.13
4	3. 动力费用	128 347.13
5		
6	二、直接从事研发活动的本企业在职人员费用	3 017 137.56
7	1. 工资、薪金	2 977 045.76
8	2. 津贴、补贴	22 731.80
9	3. 奖金	17 360.00
10		
11	三、专门用于研发活动的有关折旧费（按规定一次或分次摊入管理费的仪器和设备除外）	138 291.16
12	1. 仪器	37 045.94
13	2. 设备	101 245.22
14		
15	四、专门用于研发活动的有关租赁费	26 250.00
16	1. 仪器	8 750.00

序号	费用项目	发生额
17	2. 设备	17 500.00
18		
19	五、专门用于研发活动的有关无形资产摊销费	20 512.80
20	1. 软件	8 105.30
21	2. 专利权	3 818.50
22	3. 非专利技术	8 589.00
23		
24	六、专门用于中间试验和产品试制的模具、工艺装备开发及制造费	
25		
26	七、研发成果论证、鉴定、评审、验收费用	33 196.80
27		
28	八、与研发活动直接相关的其他费用	249 459.70
29	1. 新产品设计费	122 670.80
30	2. 新工艺规程制定费	68 158.30
31	3. 技术图书资料费	42 740.60
32	4. 资料翻译费	15 890.00
33	合计数（1 + 2 + 3 + … + 32）	4 250 651.41
34	从有关部门和母公司取得的研究开发费专项拨款	
35	加计扣除额 33 × 50%	2 125 325.70

资料来源：Y 企业审计底稿。

4.3.2.2 对比辅助明细账与辅助余额表

Y 公司所有研发项目在会计核算时都设置了明细账与余额表，我们以 Y1 项目为例，Y1 项目的辅助明细账如表 4 - 3 所示，辅助余额表如表 4 - 4 所示。通过对比两个表，辅助明细账三个明细科目的发生额与项目辅助余额表发生额保持一致，即 20 × × 年 Y 公司研发支出费用化支出中，两表中的工资及薪金、技术研发费、社会保险费的发生额都相同。除 Y1 项目外的其他研发项目的余额表与明细账的发生额也保持一致。

表 4 – 3 研发项目 Y1 的研发支出辅助明细账

辅助明细账
20 × × 年 1 月 ~ 20 × × 年 12 月　　　　　　　　　　　　　　　　　　金额单位：元

20 × × 年 月　　日	凭证 编号	科目 名称	研发项 目名称	摘要	借方	贷方	方向	余额
12				工资及薪金 – Y1 合计	371 608.02	371 608.03	平	0.00
12				技术研发费 – Y1 合计	224 000.00	224 000.00	平	0.00
12				社会保险费 – Y1 合计	72 556.40	72 556.40	平	0.00

资料来源：Y 企业审计底稿。

表 4 – 4 研发项目 Y1 的辅助余额表

辅助余额表
20 × × 年 1 月 ~ 20 × × 年 12 月　　　　　　　　　　　　　　　　　　金额单位：元

科目编号	科目名称	研发 项目 编号	研发 项目 名称	期初		本期发生		余额	
				方向	金额	借方	贷方	方向	金额
5301	研发支出	0006	Y1	平	0.00	668 164.42	668 164.43	平	0.00
530101	费用化支出	0006	Y1	平	0.00	668 164.42	668 164.43	平	0.00
530101001	工资及薪金	0006	Y1	平	0.00	371 608.02	371 608.03	平	0.00
530101014	技术研发费	0006	Y1	平	0.00	224 000.00	224 000.00	平	0.00
530101015	社会保险费	0006	Y1	平	0.00	72 556.40	72 556.4	平	0.00
合计				平	0.00	668 164.42	668 164.43	平	0.00

资料来源：Y 企业审计底稿。

4.3.2.3 对比辅助余额表与研发费用情况归集表

我们在表 4 – 5 中归集汇总了 Y 公司研发项目 Y1 的可加计扣除研发费用，对比 Y1 项目辅助余额表 4 – 4 和研发费用情况归集表 4 – 5，发现表 4 – 4 中借方的研发支出、费用化研发支出、合计数与表 4 - 5 中合计数相等。表 4 - 4 中合计数是由三个科目发生额（科目编号为 530101001、530101014、530101015）的具体费用数字合计而成，表 4 - 5 中合计数由第 1、第 6、第 11、第 15、第 19、第 24、第 26、第 28 行的八个具体费用数字合计而成。虽然两表中研发费用的合计数相同，但是表 4 - 4 中的三个具体费用数字与表 4 - 5 中的八个具体费用数字没有内在勾稽关系。换言之，归集表中的各项具体费用金额是如何计算出来的不得而知，审计师如何具体审核的在审计工作底稿中也没有反映。

表 4 - 5   研发项目 Y1 的可加计扣除研究开发费用情况归集汇总表

纳税人名称（公章）：　　　　　　纳税人识别号：
20××年度　　　　　　　　　　　　　　　　　　　金额单位：元

序号	费用项目	发生额
1	一、研发活动直接消耗的材料、燃料和动力费用	131 199.60
2	1. 材料	114 077.60
3	2. 燃料	3 396.40
4	3. 动力费用	13 725.60
5		
6	二、直接从事研发活动的本企业在职人员费用	483 434.43
7	1. 工资、薪金	477 589.43
8	2. 津贴、补贴	3 465.00
9	3. 奖金	2 380.00
10		
11	三、专门用于研发活动的有关折旧费（按规定一次或分次摊入管理费的仪器和设备除外）	5 775.70
12	1. 仪器	2 019.50
13	2. 设备	3 756.20
14		
15	四、专门用于研发活动的有关租赁费	3 500.00
16	1. 仪器	1 400.00
17	2. 设备	2 100.00

序号	费用项目	发生额
18		
19	五、专门用于研发活动的有关无形资产摊销费	
20	1. 软件	
21	2. 专利权	
22	3. 非专利技术	
23		
24	六、专门用于中间试验和产品试制的模具、工艺装备开发及制造费	
25		
26	七、研发成果论证、鉴定、评审、验收费用	5 966.80
28	八、与研发活动直接相关的其他费用	38 287.90
29	1. 新产品设计费	22 743.70
30	2. 新工艺规程制定费	11 550.00
31	3. 技术图书资料费	2 594.20
32	4. 资料翻译费	1 400.00
33	合计数（1 + 2 + 3 + … + 32）	668 164.43
34	从有关部门和母公司取得的研究开发费专项拨款	
35	加计扣除额 33 × 50%	334 082.22

资料来源：Y 企业审计底稿。

4.3.3 专项审计应对措施

注册会计师需要对专项审计项目进行风险评估，我们在工作底稿中没有发现相关内控测试与实质性分析的相关记录，但审计工作底稿中列示了一些细节测试的审计证据。每个研发项目的归集汇总编制基础都一致，因此，我们以 Y1 项目为例加以说明。

4.3.3.1 项目的立项

通过检查研发项目的立项报告、可行性论证及其他相关文件，审计师依次来判断研发项目是否发生。在对 Y 公司进行专项审计时，关注到每个研发项目均有科技局签署的研究开发项目审核意见、立项报告和可行性报告。具体情况包括：

（1）市场前景。当前，护肝药市场主要以化疗药物类型的抗乙肝病毒类药物。然而，此类药物易引起药物性肝病与肝脏解毒负担。面对暂无特效药的乙肝治疗市场，公司开发的 Y1 项目是一个研发治疗肝病的中成药项目。

（2）项目进度安排。科技部门审核通过了 Y 企业递交的 Y1 项目立项申请。表 4 - 6 列示了项目 Y1 的研发进度表，列示了该项目的立项进度与研发过程的具体时间节点。目前正申请临床，已完成临床前研究。

表 4 - 6 项目 Y1 的研发进度表

序号	研究阶段	研究项目	时间计划	项目进度
1	临床前研究	药学研究	2010 年 7 月 ~ 2010 年 10 月	药材鉴定方法建立
			2010 年 11 月 ~ 2011 年 1 月	生产工艺研究
			2011 年 1 月 ~ 2011 年 5 月	化学成分研究
			2011 年 5 月 ~ 2011 年 6 月	质量标准研究
		主要药效学研究	2010 年 11 月 ~ 2011 年 10 月	
		安全性评价	2010 年 11 月 ~ 2011 年 12 月	急性毒性研究、长期毒性研究
			2010 年 12 月 ~ 2011 年 6 月	过敏性、溶血性
			2011 年 7 月 ~ 2011 年 12 月	局部刺激、依赖性
		申报临床及补充实验	2012 年 1 月 ~ 2012 年 8 月	
2	临床试验研究	临床多中心试验	2012 年 9 月 ~ 2012 年 12 月	临床试验计划及方案编写
			2013 年 1 月 ~ 2013 年 3 月	研究中心确立
			2013 年 4 月 ~ 2014 年 2 月	临床试验
			2014 年 2 月 ~ 2014 年 4 月	总结、出报告

续表

序号	研究阶段	研究项目	时间计划	项目进度
3	申报生产		2014 年 5 月～2014 年 6 月	注册资料完善
			2015 年 7 月～2015 年 7 月	省局受理
			2015 年 8 月～2015 年 9 月	现场核查
			2014 年 10 月～2014 年 12 月	CDE 受理
4	上市销售		2015 年 1 月～2015 年 12 月	获得新药证书和生产批件，生产

资料来源：Y 公司审计底稿。

4.3.3.2　人员人工费

注册会计师取得研发人员名单、归属于哪个研发中心、职称、学历、专业、工资表、工资发放记录、相关劳动合同以及技术保密协议等资料，如果某一研究人员参与多个研发项目，人员人工费用按照研发项目平均分摊。

4.3.4　对注册会计师的访谈

就上述审计底稿信息，难以全面反映出审计师专项审计的审计程序与具体方法。为此，我们对曾多次参与研发费用专项审计的审计师进行访谈，以理解实践中审计师如何做出相关审计判断。

（1）项目立项。审计师是通过查阅研发项目的立项报告、可行性分析报告以及科技局的项目审核意见来判定研发项目立项是否发生，来判定研发项目是否属于加计扣除政策规定的研发活动范围。该审计师通过查阅 Y 公司的立项与可行性分析报告中对项目前景、优势、进度及预算以及科技局签字的项目审核意见书，作为审计证据进行审计判断。

（2）人员人工费用。审计师需要检查研发人员工资明细表、研发人员名单、研发人员基本信息（学历、专业、毕业学校、职称）、研发人员人工费是否合理分配等信息。Y 企业人员人工费在研发费用总额中占比过半，是审计师的审计重点。

（3）直接投入费用。审计人员需要检查企业内部明细账、各部门领料单、研发材料归集汇总表，以判定金额是否一致，研发投入是否发生。但是，直接投入费用的审核难度较大，当企业会计核算不规范时，囿于专业背景与审计成本的约束，审计师无法追溯其是否确实用于研发活动。

（4）折旧费。审计师需要检查固定资产购入记录与凭证、折旧分配表、盘点记录等资料，以判定金额是否一致，折旧费用是否发生。但是，当企业会计核算不规范时，囿于专业背景与审计成本的约束，审计师难以检查固定资产是否用于研发活动。同样，审计师难以判断租赁费用与研发是否相关。

（5）无形资产摊销。审计师需要检查购入无形资产的初始合同、发票、无形资产的摊销政策以及摊销金额。与固定资产折旧类似，审计师难以判断无形资产摊销与研发是否相关。

（6）其他费用。审计师需要检查与研发成果相关的论证费、评审费、鉴定费、验收费、技术图书资料费、资料翻译费等费用，注册会计师查阅了相关证明和发票，认定与研发活动有关的金额，剔除了一部分没有证据证明是为研发活动而发生的金额。

从上述访谈中可知，鉴于现实环境中企业相关内控有效性与会计核算规范性有所缺失，审计师主要是在运用细节测试方法进行审查。但是，囿于知识背景与审计成本的约束，审计师在做审计判断时存在较多的主观性。

4.4 本章小结

本章对研发费用加计扣除的专项审计案例进行研究，主要发现可加计扣除的研发费用情况归集表 4 – 5 与辅助余额表 4 – 4 的合计数虽然相等，但是两个表之间具体费用之间的勾稽关系不清晰，相关审计证据并不充分，审计师主要是在运用细节测试方法进行审查。囿于知识背景与审计成本的约束，审计师在做审计判断时存在较强的主观性。对于审计前后的研发费用数据差异，注册会计师没有说明审计前后不一致金额的原因，审计师也没有在审计工作底稿中列示审计证据与审计判断过程。

由于企业研发费用的会计核算具体方法与可加计扣除的研发费用归集表

之间的内在逻辑架构不一致，导致会计核算与加计扣除中研发费用的具体费用数值脱节。只要两者之间具体研究费用的基本逻辑架构不一致，企业就不可能根据会计核算的信息直接导出纳税申报中的可加计扣除研发费用。因此，未来至少应该对底层的企业研发费用信息会计核算具体方法进行改善，以保证与可加计扣除研发费用归集表的内在逻辑结构保持一致性，帮助企业减少编制归集表的负担与差错。

第 5 章
基于避税动机的高新技术企业
费用操控研究

5.1 引言

为实现"加快建设创新型国家"的战略目标，科技部、财政部与国家税务总局于 2008 年颁布了《高新技术企业认定管理办法》和《高新技术企业认定管理工作指引》等相关制度。高新技术企业认定制度将鼓励企业研发活动的宏观政策落实到微观操作层面，为高新技术企业资格认定工作提供了标准。企业通过高新技术企业资格认定能收获巨大利益，主要表现在：首先，增强了企业在市场竞争中的竞争优势；其次，税务部门与财政部门对通过认定并取得高新技术企业资格的企业提供税收优惠和财政资金支持，例如，属于"国家需要重点扶持的高新技术企业"，则减按 15% 税率征收企业所得税。

高新技术企业认定制度是极为重要的制度安排，在推动"中国制造"向"中国创造"转型的过程中起到了积极作用。然而，审计署 2009 年抽查了享受税收优惠的百余家高新技术企业，发现过半企业不符合高新技术企业税收优惠条件，造成了国家税收巨额流失。高新技术企业在认定前后面临的所得税税率变化与审计署的抽查结果都意味着高新技术企业认定过程中相关企业存在着潜在的避税动机。然而，目前鲜有研究者关注高新技术企业认定过程中企业的潜在避税动机对会计信息操控行为的影响。

本章考察高新技术企业认定过程中的费用信息操控行为，能够丰富我国会计行为选择问题的相关研究。尽管高新技术企业认定制度影响到的高新技术企业数量远远超过 A 股公司数量，但鲜有研究关注重要的高新技术企业认定制度，已有研究成果主要关注 A 股市场的资本市场制度，例如，IPO、配股、增发以及退市制度。本章将管理层会计行为选择研究拓展到高新技术企业资格认定制度，拓宽了管理层会计行为选择研究的制度视角。

本章研究丰富了真实盈余管理领域的研究结论。费用操控测度属于真实盈余管理领域，以往费用操控文献通常基于盈余管理动机、资本市场与契约动机展开研究，本章则关注到基于高新技术企业认定制度的避税动因会引发管理层的费用操控行为。另外，李增福等（2011）发现所得税税制改革后预期税率上升的公司更倾向于实施向下费用操控，但未发现预期税率下降公司会实施向上费用操控。李和斯文森（Lee and Swenson，2011）发现北美地区的公司会基于节税动机进行酌量性费用操控，但没有发现亚太地区的公司会基于节税动机进行酌量性费用操控。本章将高新技术企业资格认定和费用操控二者结合起来进行实证研究，发现我国上市企业在取得高新技术企业资格前一年会基于避税动因进行显著向上的费用操控，本研究丰富了企业费用操控行为研究的相关结论。此外，本章研究结论从微观层面提供了如何加强高新技术企业在纳税申报过程中费用信息质量管理的具体经验证据，为如何加强高新技术企业认定前后费用信息质量管理提供了依据。

5.2　文献回顾与研究假设

5.2.1　文献回顾

虽然没有研究将高新技术企业资格认定和费用操控直接联系起来，但有文献分别对高新技术企业资格认定与费用操控进行了研究。费用操控是真实盈余管理研究中的重要测度，通常是针对广告费用、员工培训费用、研发费用等诸多酌量性费用进行操控，现有费用操控研究具有以下特点：几乎都是从会计盈余信息角度出发，从操控动机、方式与经济后果角度进行研究。费用操控动机主要包括实现短期盈余、基于资本市场动机与契约动因。

首先，管理层会基于实现短期盈余动机进行费用操控。巴伯等（Baber et al.，1991）研究发现公司管理层出于弥补亏损或超过上一年度盈余动机，减少其研发支出进行方向向下的费用操控。佩里和格林纳克（Perry and Gri-naker，1994）研究发现当公司收益低于分析师预测时，会对公司研发支出产生负面影响。格雷厄姆等（Graham et al.，2005）访谈发现大多数公司管理层同意会出于短期盈余管理动机来降低研发、广告和维修方等支出。科恩等（Cohen et al.，2010）运用月度数据研究也发现公司管理层会基于达到或超过正利润、上一期盈利或盈余预测的动机来进行方向向下的费用操控。范海峰和胡玉明（2013）发现公司盈亏数值较小时，管理层有较强动机对研发支出进行向下费用操控。

其次，管理层会基于资本市场动机进行费用操控。布拉杰等（Bhojraj et al.，2009）发现相对于未达到分析师预期的高信息质量公司，达到分析师盈余预期的低信息质量公司有更好短期市场价格表现。科恩等（Cohen et al.，2008）发现 SOX 法案颁布后，管理层更倾向于选择包括向下费用操控等方式的真实盈余管理。蔡春、李明和和辉（2013）发现 IPO 企业会进行向下费用操控。谢柳芳、朱荣和何苦（2013）发现创业板上市公司退市制度出台后，创业板公司管理层更倾向于实施向下费用操控。科塔里等（Kothari et al.，2016）发现在股权再融资之前，上市公司会通过向下费用操控提高会计盈余以取得更高的发行价格。

最后，管理层会基于契约动机进行费用操控。拉克尔（Larcker，1987）发现商业银行管理者为获得较高的薪酬会向下操控行政费用。程（Cheng，2004）发现薪酬委员会机制设计能够抑制向下削减研发支出的机会主义行为。埃尔登堡等（Eldenburg et al.，2011）发现非营利组织管理层有较强的绩效激励动机时会降低非营运费用。李增福（2011）发现公司负债水平与企业费用操控水平显著相关。

费用操控动因的相关研究还包括：李和斯文森（Lee and Swenson，2011）发现有较大节税收益的北美公司更倾向于进行酌量性费用操控；但亚洲地区公司的检验结果并不显著。李增福等（2011）发现所得税税制改革后预期税率上升的公司更倾向于真实盈余管理，会实施向下费用操控，但未发现预期税率下降公司会实施向上费用操控，税率下降公司更倾向于应计盈余管理。

上述文献大多属于真实盈余管理领域的费用操控研究，发现了基于不同动机的方向向下的费用操控行为，很少发现我国上市企业会进行方向向上的费用操控行为。为此，我们把文献回顾的视角拓展到应计盈余管理领域，发现了向上调节会计费用项目的少量证据。张昕和姜艳（2010）发现某些亏损企业在第四季度存在方向向下的盈余管理行为，会通过增加管理费用等费用项目来减少当期会计利润，为下一期扭亏为盈做准备。伯内曼等（Bornemann et al. , 2015）通过对德国储蓄银行的研究发现，变更后的新 CEO 更倾向于增加变更当期的酌量性费用；与来自内部的新 CEO 相比，来自外部的新 CEO 更倾向于增加变更当期的酌量性费用。

与高新技术企业资格认定相关的文献不多，一些文献探讨如何改进、评价高新技术企业认定管理办法（姚和平和徐红，2009；臧秀清、李佳和许楠，2009），以及如何应对高新技术企业认定咨询业务（黄国涛，2012）。鲜有学者对高新技术企业资格认定中的管理层会计行为进行实证研究，张子余、张碧秋和王芳（2015）对此进行了经验研究，发现管理层在高新技术企业资格认定中存在着收入项目操纵行为。

综上所述，虽然已有研究分别对费用操控与高新技术企业资格认定进行了研究，但已有费用操控研究主要集中在其他制度背景，没有关注到重要的高新技术企业认定制度。另外，真实盈余管理领域关于费用操控的实证研究几乎都发现方向向下的费用操控行为，较少发现我国上市企业会基于避税动机进行方向向上的费用操控。因此，我们提供了一个基于我国制度背景的经验研究，对高新技术企业认定前的费用操控行为展开实证研究。

5.2.2 研究假设

高新技术企业资格会给企业带来实质与潜在利好，税务部门和地方政府对高新技术企业实施一系列实质性的税收优惠和政府优惠补贴政策。高新技术企业经过税务部门审批后所得税税率发生变化，同时可以享受研发费用加计扣除政策，经过登记的技术转让、技术咨询等收入可以免征营业税。不少省份政府对取得高新技术企业资格的企业还给予一定奖励，例如，海南省奖励取得高新技术企业资格企业 50 万元。此外，高新技术企业资格还会为企业竞争带来潜在声誉优势，高新技术企业资格意味着企业未来更多的研发投入以及可能更高的产品附加值，能帮助企业在招投标等市场行为中占得先机，赢得市场竞争优势。

从认定前后的税务环境出发，国家税务总局在 2008 年出台的《中华人民共和国企业所得税法》规定内外资企业所得税的税率统一为 25%，然而，通过高新技术企业认定的企业则减按 15% 税率征收企业所得税。税率变化可能会引起企业通过操控性应计利润、真实交易等方式进行避税，例如，有研究发现企业会通过"账税差异"来进行税收筹划（王亮亮，2014）。

同样，企业管理层会基于取得高新技术企业资格之后的所得税税率降低预期对销售费用与管理费用等费用进行跨期转移类型的费用操控。企业在取得高新技术企业资格前通常按照一般纳税人所得税税率 25% 申报纳税，但取得高新技术企业资格后所得税税率会降低到 15%。企业可以通过将销售费用与管理费用向认定前进行跨期转移来取得节税收益。如果企业将认定后要发生的 10 万元管理费用跨期转移到认定前进行会计确认，能获得实际节税收益 1 万元。

综上所述，基于高新技术企业认定后税率降低预期，企业会对销售与管理费用进行跨期转移式的费用操控，它将后期的管理费用与销售费用项目转移到认定前，这会导致高新技术企业在取得高新技术企业认定资格前一年有更多的向上费用操控。基于以上分析，提出以下研究假设：

假设 H1：保持其他条件不变，企业在取得高新技术企业资格前一年会倾向于进行向上费用操控。

下面对非国有控股股权性质企业进行分析，非国有控股企业也存在委托代理问题，非国有控股企业的控股股东如果是法人，但本质上一定落实到具体实际控制人。非国有控股公司的委托代理链条比较清晰，致使其经营目标非常明确，就是在市场竞争中胜出以获得更多利润。而国有企业还承担着维护社会稳定，促进地方经济发展等其他责任。因此，非国有企业实际控制人会更加关注企业经营绩效。我们比较了两类控股公司在认定前后的总资产收益率 ROA 的均值，在认定前非国有企业的 ROA 均值比国有控股公司高 1.33%，在认定后非国有企业的 ROA 均值比国有控股公司高 1.8%。

我们预期非国有控股公司有更强动机去进行费用操控，这是因为：非国有控股公司业绩相对较好，被认定为高新技术企业后其实际享受到的节税收益较大。例如，税法规定，业绩较差的亏损企业不仅不用缴纳当期所得税，其当期亏损还可以在未来 5 年内用于弥亏，因此其未来只需要缴纳很少的所得税甚至不用缴纳企业所得税，此时高新技术企业资格带来的所得税税收优惠政策对业绩较差企业的激励效应较弱。因此，我们预期非国有企业有更强动机去进行更显著向上的费用操控。基于以上分析，提出以下研究假设：

假设 H2：非国有控股公司在通过高新技术企业资格认定前一年有更强动机进行向上操控费用。

5.3 研究设计与数据来源

5.3.1 数据来源和模型选择

5.3.1.1 数据来源与样本选择

研究样本时间跨度是 2007～2015 年，通过阅读高新技术企业认定公告采集 2008 年 1 月 1 日～2014 年 12 月 31 日上市公司的母公司首次取得高新技术企业资格的样本，高新技术企业认定公告来源于巨潮资讯网。在取得高新技术企业资格前一年哑变量 dum 的取值为 1，在高新技术企业资格取得当年哑变量 dum 取值为 0。其他变量均来源于 CSMAR 数据库。从 2008～2014 年首次取得高新技术企业资格的样本公司共 402 家上市公司，在 2008 年首次取得高新技术企业资格的上市公司母公司样本有 247 家，其余 155 家上市公司母公司在其余年度首次取得高新技术企业资格。

为何 2008 年取得高新技术企业资格的上市公司母公司样本超过总样本的 50%，可能是高新技术企业认定制度变迁的结果。在 2008 年以前，企业根据 1996 年的《新技术产业开发区外高新技术企业认定条件和办法》与 2000 年科技部颁布的《国家高新技术产业开发区高新技术企业认定条件和办法》进行高新技术企业认定。但到了 2008 年科技部、财政部与国家税务总局联合发布了新的《高新技术企业认定管理办法》，如果取得高新技术企业资格则执行 15% 所得税税率。新高新技术企业认定制度及税收优惠政策激励大量企业参与首次高新技术企业资格认定的申报，使得 2008 年取得高新技术企业资格样本过半。

从 402 家已经取得高新技术企业资格的上市公司母公司的描述统计量来看，负债率 *levy* 的最大值是 1.645，负债率大于 1 意味公司已处于资不抵债的状况。为控制异常值对回归检验的影响，将主要变量有缺失值的样本进行剔除得到 314 家样本，再将资不抵债的公司剔除剩余高新技术企业上市公司 297 家样本。

5.3.1.2 模型选择

为了检验在取得高新技术企业资格前一年企业是否有显著向上的费用操控，运行如下模型（5 - 1）对假设 H1 进行检验。

$$ab\_expen = k_1 \times dum + k_2 \times control + \varepsilon_{it} \qquad (5-1)$$

被解释变量 *ab_expen* 是借鉴罗伊乔杜里（Roychowdhury，2006）模型计算的异常费用，罗伊乔杜里（Roychowdhury，2006）没有对异常费用取绝对值，也没有选取残差项为正与负的样本分别进行检验。原因在于：如果对异常费用取绝对值，则无法区分费用操控的方向以及盈余操控的方向。罗伊乔杜里（Roychowdhury，2006）没有选取残差项为正与负的子样本分别进行检验，是因为即使子样本检验通过，也不能说明整体样本的情况，会存在样本选择偏误问题。解释变量是 *dum* 是哑变量，在上市公司母公司取得高新技术企业资格前一年 *dum* 的取值是 1，取得高新技术企业资格当年取值为 0。根据假设 H1，*dum* 的估计系数应该显著为正，变量定义见表 5 - 1。

表 5 – 1　　　　　　　　　　　　　　　　**变量定义**

代码	定义
ab_expen	运用罗伊乔杜里（Roychowdhury, 2006）模型度量的异常费用，来源于母公司报表数据
dum	高新技术企业资格取得前一年取值为 1，当年取值为 0
$state$	国有控股公司取值为 1，其他取值为 0
$dum \times state$	dum 与 $state$ 的乘积
$size$	总资产自然对数，数据来源于母公司报表
mtb	市值除以净资产，数据来源于母公司报表
roa	净利润/总资产余额，数据来源于母公司报表
$levy$	负债总额/资产总额，数据来源于母公司报表
$asseturn$	总资产/营业收入，数据来源于母公司报表
$compens$	董监高前三名的薪酬总额取自然对数
$big4$	被四大审计的公司取值为 1，否则为 0
$mscore$	地区市场化指数，数据来源于《中国分省份市场化指数报告（2016）》（王小鲁，樊纲，余静文）与《中国市场化指数——各地区市场化进程相对 2011 年报告》（樊纲，王小鲁，朱恒鹏）
$expense$	（销售费用 + 管理费用)/期初总资产，数据来源于母公司报表
rd_asset	开发支出资本化总额/（总资产 – 开发支出资本化金额），数据来源于合并报表
rd_devexp	当期开发支出资本化额/当期开发支出发生额，数据来源于合并报表
$dumyear2008$	哑变量，2008 年取值为 1，其他年度取值为 0
L. $levy$	$levy$ 的滞后一期
L. $asseturn$	$asseturn$ 的滞后一期
L. $compens$	$compens$ 的滞后一期
$industryE$	哑变量，在行业 E 取值为 1，其他行业取值为 0
$industryCi$	在行业 Ci 取值为 1，其他行业取值为 0。其余行业哑变量定义以此类推
$year\_i$	在第 i 年取值为 1，其他年度取值为 0。其余年度哑变量以此类推
dum_before	高新技术企业资格取得前一年取值为 1，当年取值为 0；同时控制组公司依此对应赋值

为了检验假设 H2，运行模型（5 – 2）进行检验。解释变量包括 dum 与

$dum \times state$，交乘项 $dum \times state$ 是哑变量 dum 与 $state$ 取值的乘积。非国有控股公司在取得高新技术企业资格前一年进行的费用操控程度等于变量 dum 的估计系数，国有控股公司在取得高新技术企业资格前一年进行的费用操控程度等于变量 $dum \times state$ 的估计系数与 dum 的估计系数之和，根据假设 H2 预期，变量 $dum \times state$ 的估计系数应该显著为负。

$$ab\_expen = k_1 \times dum + k_2 \times dum \times state + k_3 \times control + \varepsilon_{it} \qquad (5-2)$$

本章借鉴罗伊乔杜里（Roychowdhury，2006）的研究，选择表示公司基本特征的资产规模 $size$，公司市净率 mtb，资产收益率 roa 作为模型（5-1）与模型（5-2）的控制变量。除此之外，还选择反映企业偿债能力的资产负债率 $levy$ 作为控制变量，是因为以往研究发现企业债务契约会影响管理层会计行为选择。选择总资产周转率 $asseturn$ 作为控制变量，是因为资产周转率能反映公司的营运能力，以往研究发现营运能力越强营运费用消耗越多。选择前三名高管的薪酬总额 $compens$ 作为控制变量，是考虑高管薪酬契约通常与公司业绩及企业未来发展息息相关，薪酬更高的管理者可能更有动机进行费用操控。选择是否被四大会计师事务所审计的哑变量 $big4$ 作为控制变量，是因为以往研究通常认为国际四大所有更强的议价能力，能起到更好监督作用。添加 $mscore$ 作为控制变量，是因为企业的费用操控行为可能会受到所在地区市场化发展程度的影响。在运用固定效应模型按照上述两模型进行回归检验时，我们还进一步控制了年度固定效应。

5.3.2　变量说明

5.3.2.1　被解释变量

我们运用模型（5-3）分行业分年度回归，估计残差项以度量被解释变量异常费用 ab_expen。模型中的 $expense$ 等于（销售费用 + 管理费用）/期初总资产。$A_{i,t-1}$ 为公司上一年年末总资产。$S_{i,t-1}$ 为公司上一年年营业收入。

$$expense_{it} = \alpha_0 + \alpha_1(1/A_{i,t-1}) + \beta_1(S_{i,t-1}/A_{i,t-1}) + \varepsilon_{it} \qquad (5-3)$$

计算异常费用 ab_expen 需要细分的行业分类信息以计算行业虚拟变量。由于 2015 年后 CSMAR 数据库不再提供根据中国证监会 2001 年行业分类指引划分的信息，只提供中国证监会 2012 年行业分类指引信息。除制造业以外，本章中其他 17 个行业按照字母编码来区分行业分类信息（A/B/D/E/…/Q/R/S）。

但制造业不能根据字母编码 C 来区分行业，因为制造业一个行业的样本数超过其他十几个行业的样本总和。制造业根据一位数字编码（C1/C2/C3/C4）来区分为四个行业也不合理，因为每个行业样本数仍然过多。根据字母编码 C 后面两位数字编码来细分行业也不合理，制造业将被细分为 30 个行业，制造业行业分类过细。因此，为保证了制造业内部归类细分的每个行业与非制造业每个行业的样本数量之间保持均衡，本章根据 2012 年与 2001 年证监会行业分类指引间的对应关系，如表 5-2 所示，将制造业归类细分为 11 个行业（C0/C1/…/C10）。即使本文不按照表 5-2 进行行业细分，制造业根据一位数字编码（C1/C2/C3/C4）粗略划分，结论仍然保持一致。

表 5-2　　　　　　　　　　　制造业内部细分行业归类方法

时间	行业分类	行业代码
2012 年	C0 食品、饮料	C13/C14/C15/C16
	C1 纺织、服装、皮毛	C17/C18/C19
	C2 木材、家具	C20/C21
	C3 造纸、印刷	C22/C23/C24
	C4 石油、化学、塑胶、塑料	C25/C26/C28/29
	C5 电子	C39
2012 年	C6 金属、非金属	C30/C31/C32/C33
	C7 机械、设备、仪表	C34/C35/C36/C37/C38/C40/C43
	C8 医药、生物制品	C27
	C9 其他制造业	C41
	C10 废弃资源和废旧材料回收加工	C42

5.3.2.2　变量定义

本书变量定义如表 5-1 所示，注意表中公司层面财务数据均来自母公司报表，是因为样本是首次取得高新技术企业资格的上市公司母公司。上市公司集团内部其他子公司并不一定是高新技术企业，运用合并报表数据会对研究结论产生影响。由于被解释变量 *ab_expen* 的数学期望为 0，因此当对被解释变量 *ab_expen* 进行回归检验时，我们对所有连续型控制变量进行了中心化处理，将每个变量的值减去其对应行业年度平均值。

在添加地区市场化指数作为控制变量过程中，我们遇到如下问题：2016 年《中国分省份市场化指数报告（2016）》中公布了 2008~2015 年的地区市场化指数，2011 年《中国市场化指数——各地区市场化进程相对 2011 年报告》中公布了 1997~2009 年的地区市场化指数。值得注意的是，2016 年报告中没有 2007 年地区市场化指数数据。另外，虽然两个报告都有 2008 年市场化指数得分数据，但两个报告中 2008 年市场化指数得分数据却不一致。2016 年市场化指数报告在前言中解释了与 2011 年市场化指数报告数据存在差异的原因。

本书需要 2007~2015 年的各地区市场化指数作为控制变量，我们按照下列方法解决数据口径不一致问题。首先，采集 2016 年市场化指数报告中的 2008~2015 年的地区市场化指数得分。此外，还需要 2007 年的地区市场化指数数据，鉴于两报告数据口径的差异，导致不可直接运用 2011 年市场化指数报告中的 2007 年市场化指数数据，需要对 2011 年市场化指数报告中的 2007 年数据进行同一化处理。我们以 2016 年市场化指数报告中的 2008 年数据为基准，根据 2011 年市场化指数报告中的原数据比例关系外推计算出本章可用的 2007 年地区市场化指数数据。

5.4 实证检验与分析

5.4.1 主要变量的描述统计

表 5-3 中列示了主要变量的描述统计量，有 594 个样本的主要变量没有缺失值。被解释变量异常费用 *ab_expen* 的均值为 0.002，标准差是 0.030，最

大值 0.224 相对于标准差值很大，表明高新技术企业的异常费用变异程度较大。哑变量 *dum* 均值为 0.500。总资产周转率 *asseturn* 均值为 0.659，说明高新技术企业的资产运营效率还需要提高。高新技术企业资产收益率 *roa* 均值为 0.045，与 5 年期国债利率相近，意味高新技术企业的盈利能力需要切实得到提高。资产负债率 *levy* 的最大值 0.879 小于 1。稳健性检验的被解释变量销售管理费用率 *expense* 均值为 0.078，最小值 0.007，最大值 0.330 相对于标准差 0.058 很大，表明高新技术企业的销售管理费用率有较大差异。

表 5 – 3　　　　　　　　　　　主要变量的描述统计

变量	样本数	均值	标准差	最小值	最大值
ab_expen	594	0.002	0.030	− 0.058	0.224
dum	594	0.500	0.500	0.000	1.000
size	594	21.321	0.977	19.236	24.830
roa	594	0.045	0.054	− 0.183	0.227
levy	594	0.430	0.191	0.034	0.879
asseturn	594	0.659	0.401	0.036	2.089
mtb	594	3.809	3.118	0.742	24.062
compens	594	13.848	0.723	12.112	16.042
*big*4	594	0.056	0.229	0.000	1.000
expense	594	0.078	0.058	0.007	0.330

注：表中所有连续变量在 1% 水平上进行 winsorize 处理。为防止异常值对研究结论的影响，研究样本中已删去资不抵债公司。

5.4.2　回归检验的结果

表 5 – 4 运用固定效应模型，是由于检验发现混合回归 OLS 模型与随机效应模型不如固定效应模型。为控制与解释变量可能相关的不可观测公司层面因素，本章运用基于组内变异的固定效应模型。表 5 – 4 列示了被解释变量异常费用 *ab_expen* 对解释变量 *dum* 的回归检验结果，第（1）列中解释变量 *dum* 的估计系数显著大于 0。第（2）列中添加了控制变量，解释变量 *dum* 的

估计系数仍然在 5% 水平上显著大于 0，意味着高新技术企业在认定前进行了显著向上的费用操控，与假设 H1 预期一致。此外，控制变量 *big*4 的系数在 10% 水平上都显著小于 0，反映由四大会计师事务所审计的公司的异常费用相对较低。

表 5 – 4　　在取得高新技术企业资格前一年有显著向上的费用操控吗

变量	(1) *ab_expen*	(2) *ab_expen*
dum	0.003 * (1.918)	0.005 ** (2.278)
size		0.006 (0.968)
roa		0.012 (1.564)
levy		0.007 (0.913)
asseturn		0.011 (1.480)
mtb		0.000 * (1.773)
compens		0.002 (0.696)
*big*4		− 0.013 * (− 1.717)
mscore		0.004 (0.670)
常数项	0.003 (1.357)	− 0.024 (− 0.616)
年度固定效应	Yes	Yes
样本数	594	594
R^2	0.122	0.147

注：( ) 内为根据标准误计算的 t 值；*** 、 ** 、 * 分别表示达到 1%、5%、10% 的显著性水平；表中连续型控制变量经过中心化处理。

表 5 - 5 列示了固定效应模型检验结果，第（1）列与第（2）列中被解释变量 ab_expen 对哑变量 dum 与交乘项 dum × state 进行回归。无论是否添加控制变量，变量 dum 的估计系数都显著大于 0，表明非国有控股公司在高新技术企业认定前一年进行了显著向上的费用操控。第（1）列与第（2）列中交乘项 dum × state 的系数显著小于 0，意味着相对于非国有控股公司，国有控股公司的向上费用操控程度较低。由此可知，非国有控股公司与国有控股公司在认定前一年的费用操控行为存在显著差异，检验表明当其他因素保持不变时，相对于国有控股公司，非国有控股公司在高新技术企业资格认定前一年有更显著向上的费用操控，与假设 H2 预期保持一致。

与检验假设 H1 的表 5 - 4 相比，用来检验假设 H2 的表 5 - 5 中添加了变量 dum × state。表 5 - 5 实际回归的样本中 state 的数据有 1 个缺失值，实际控制人缺失的数据是高新技术企业 TCL 集团股份有限公司的 2009 年数据。我们核查了该公司在 2009 年年度报告，该公司在 2009 年年报第 13 页中指出"本公司第一大股东惠州市投资控股有限公司持有本公司 328 566 775 股股份，占公司总股本的 11.19%。根据《中华人民共和国公司法》第二百一十七条的规定，本公司不存在控股股东或实际控制人。"由于该公司没有控股股东，此时 state 为缺失值，因此用来验证假设 H2 的样本数量是 593 个。

表 5 - 5   非国有控股公司有更强动机进行向上费用操控吗

变量	（1） ab_expen	（2） ab_expen
dum	0.005 ** （2.565）	0.007 *** （2.926）
dum × state	- 0.004 * （- 1.896）	- 0.004 ** （- 2.011）
size		0.006 （0.965）
roa		0.012 （1.461）
levy		0.005 （0.639）

续表

变量	（1） ab_expen	（2） ab_expen
asseturn		0.012 （1.554）
mtb		0.000* （1.799）
compens		0.003 （0.727）
big4		−0.014 （−1.593）
mscore		0.003 （0.575）
常数项	0.002 （1.148）	−0.021 （−0.555）
年度固定效应	Yes	Yes
样本数	593	593
R^2	0.132	0.158

注：（）内为根据标准误计算的 t 值；***、**、* 分别表示达到 1%、5%、10% 的显著性水平；表中连续型控制变量经过中心化处理。

5.4.3　稳健性检验

我们还借鉴叶康涛（2016）的研究，将销售费用和管理费用的总额除以期初总资产以度量销售管理费用率 expense，作为被解释变量，再按照表 5 - 4 与表 5 - 5 进行回归检验，结论仍然保持不变。

由于上述检验中的地区市场化指数 mscore 中的 2007 年数据不是直接取得，而是由计算得到。因此，我们剔除控制变量 mscore，再按照表 5 - 4 与表 5 - 5 进行回归检验，检验结果不变。

在高新技术企业认定前后，只有公司 000100 的产权性质变量有变异。我们删去该样本，再次按照表 5 - 4 与表 5 - 5 进行检验，检验结果与预期保持一致。

5.5　对内生性问题的检验

5.5.1　内生性问题与研究方法

前面的结果可能存在着内生性问题；显著向上的异常费用可能不是基于避税动因造成的，而是其他不可观测的潜在因素影响的结果。因此，我们采用如下两种方法进行检验。首先，我们采用维拉（Villa，2016）的核匹配DID方法进行检验（Kernel-based propensity score matching diff-in-diff method），该方法适用于政策影响部分群体的情况，可以克服不随时间变化的混杂因素造成的内生性问题；其次，我们运用工具变量方法，运用固定效应模型2SLS方法进行检验，以控制不可观测因素的影响。

5.5.2　处理组与控制组匹配之后是否满足平行假设

核匹配DID方法是先运用核匹配方法在控制组中选择匹配样本（即PSM方法），以保证处理组与控制组之间存在相似性；再运用倍差法进行检验（即DID方法），以检验高新技术企业资格取得前后的时间变化差异。核匹配DID方法要求按照核匹配方法得到的处理组与控制组之间必须满足共同支撑假设（common support assumption）与平行假设（balancing assumption）。表5-6列示了平行假设的检验结果，表中的列（4）为样本匹配前后的标准偏误，列（5）显示样本匹配之后标准偏误绝对值所减少的百分比，列（6）与列（7）是处理组与控制组样本均值是否相等检验的T值与p值。表5-6显示，在匹配前多数变量的均值差异在1%水平上高度显著。但匹配后，所有变量标准偏误的绝对值减少幅度较大，匹配后其标准偏误至少减少了50%以上。另外，几乎所有变量在匹配之后的均值差异都不显著，仅有变量L. *asserturn* 的均值差异匹配后在10%的水平上显著，尽管如此，其匹配后的标准偏误也减少了51.3%。由此可知，处理组与控制组样本的总体差异在经过倾向得分匹配处理后基本消除，总体上满足平行假设。除了进行平行假设的检验，我们还检验了处理组与控制组之间匹配后是否满足共同支撑假设，未列示的检验结果表明匹配后满足共同支撑假设。

表 5 – 6   处理组与控制组匹配之后是否满足平行假设

变量	（1）样本	（2）处理组均值	（3）控制组均值	（4）标准偏误百分比（％）	（5）标准误绝对值减少百分比（％）	（6）T 值	（7）p 值
L. compens	U	0.192	0.028	24.5	—	4.16	0.000 ***
	M	0.192	0.133	8.8	64.1	1.06	0.289
L. levy	U	− 0.204	− 0.079	− 41.8	—	− 7.45	0.000 ***
	M	− 0.204	− 0.196	− 2.8	93.4	− 0.31	0.759
L. asserturn	U	0.098	− 0.027	31.4	—	5.53	0.000 ***
	M	0.098	0.037	15.3	51.3	1.7	0.089 *
dumyear2008	U	0.623	0.106	127.1	—	27.81	0.000 ***
	M	0.623	0.595	6.9	94.5	0.7	0.482
industryC1	U	0.054	0.031	11.5	—	2.25	0.024 **
	M	0.054	0.059	− 2.8	75.9	− 0.29	0.768
industryC3	U	0.040	0.017	14.2	—	3.05	0.002 ***
	M	0.040	0.032	4.8	66.5	0.51	0.607
industryC4	U	0.138	0.102	11.2	—	2.03	0.042 **
	M	0.138	0.132	2	82.1	0.23	0.817
industryC5	U	0.104	0.077	9.7	—	1.76	0.078 *
	M	0.104	0.098	2.3	76.6	0.26	0.793
industryC6	U	0.108	0.084	8.1	—	1.46	0.144
	M	0.108	0.109	− 0.4	94.5	− 0.05	0.959
industryC7	U	0.279	0.168	26.9	—	5.01	0.000 ***
	M	0.279	0.228	12.4	53.9	1.44	0.152

续表

变量	（1） 样本	（2） 处理组 均值	（3） 控制组 均值	（4） 标准偏误 百分比 （％）	（5） 标准误绝对 值减少百分 比（％）	（6） T 值	（7） p 值
*industryC*8	U	0.101	0.053	18	—	3.57	0.000 ***
	M	0.101	0.094	2.6	85.7	0.28	0.779
industryE	U	0.034	0.025	5.1	—	0.93	0.353
	M	0.034	0.033	0.3	94.7	0.03	0.975

注："U"表示匹配前的样本，"M"表示匹配后的样本；*** 、** 、* 分别表示达到 1% 、5% 、10% 的显著性水平。

5.5.3　运用 PSM + DID 方法的检验结果

运用核匹配 DID 方法的检验结果如表 5 - 7 所示：Part A 部分列示的是高新技术企业样本与非高新技术企业样本之间进行核匹配 DID 分析的检验结果，处理组是母公司取得高新技术企业资格的公司，控制组是母公司为非高新技术企业的公司，在其他变量保持不变时，相对于取得高新技术企业资格当年（ $dum\_before = 0$ ），上市公司母公司在取得高新技术企业资格前一年有显著更高的异常费用 ab_expen ，差异值为 0.005，在 10% 水平上显著大于 0，与假设 H1 的预期一致。Part B 列示的是对非国有高新技术企业与非国有非高新技术企业之间进行核匹配 DID 分析的检验结果，非国有控股高新技术企业在取得高新技术企业资格前一年（ $dum\_before = 1$ ）有显著更高的异常费用，两者差异值为 0.011，在 1% 水平上显著大于 0。Part C 列示的是对国有高新技术企业与国有非高新技术企业之间进行核匹配 DID 分析的检验结果，在取得高新技术企业资格前一年（ $dum\_before = 1$ ）的国有控股高新技术企业没有表现出显著更高的异常费用。Part B 与 Part C 检验结果暗示着，相对于国有控股公司，非国有控股公司在取得高新技术企业资格前一年可能会有显著更高的异常费用。

表 5 - 7　　　　　运用维拉（Villa，2016）的核匹配 DID 的检验结果

分组	项目	处理组	控制组	Dif(t-c)	标准误	|t|	P > |t|
Part A：处理组是所有首次取得高新技术企业资格的上市母公司样本	$dum\_before = 0$	-0.001	-0.002	0.002	0.002	0.88	0.381
	$dum\_before = 1$	0.004	-0.002	0.007	0.002	3.12	0.002 **
	差异值	—	—	0.005	0.003	1.84	0.066 *
Part B：处理组是非国有控股的高新技术企业样本	$dum\_before = 0$	-0.001	-0.006	0.005	0.003	1.80	0.071 *
	$dum\_before = 1$	0.006	-0.010	0.016	0.003	4.78	0.000 ***
	差异值	—	—	0.011	0.004	2.62	0.009 ***
Part C：处理组是国有控股的高新技术企业样本	$dum\_before = 0$	0	0.001	-0.001	0.002	-0.037	0.714
	$dum\_before = 1$	0.002	-0.001	0.003	0.002	1.4	0.161
	差异值	—	—	0.004	0.003	1.25	0.211

注：表中标准误是根据 boostrap 方法重复 1 500 次计算的标准误。

5.5.4　运用固定效应模型 2SLS 方法的检验结果

前文已经运用固定效应模型、核匹配 DID 方法分别进行了检验，本节则运用固定效应模型 2SLS 方法进行检验。本章的工具变量包括 $dumyear2008$，哑变量 $dumyear2008$ 在 2008 年取值为 1，在其他年度取值为 0。选择 $dumyear2008$ 为工具变量的理由如下：由于在 2008 年科技部、财政部与国家税务总局联合发布了《高新技术企业认定管理办法》，新高新技术企业认定规则带来的税收优惠政策激励了大量企业参与了高新技术企业资格认定的申报，2008 年取得高新技术企业资格的样本过半，导致表示制度变迁的哑变量 $dumyear2008$ 与高新技术企业认定前后的哑变量 dum 显著相关。同时，哑变量 $dumyear2008$ 与异常费用 ab_expen 不相关，这是因为异常费用是按照分年度行业回归的结果，已经控制了年度与行业效应。此外，我们还选择了控制变量的滞后项 L. $asseturn$、L. $levy$ 作为工具变量，因为这些变量的滞后一期值可能会对变量 $asseturn$、$levy$ 的当期值会产生影响，但这些滞后一期的值只影响 $t-1$ 期的资产负债与收入项目，不会对 t 期的异常费用项目产生直接影响。

表 5 - 8 列示了固定效应模型的 2SLS 回归结果，表中的列（1）与列（2）

检验结果显示，变量 dum 都显著大于 0，企业在取得高新技术企业资格前一年有显著更高的异常费用，与假设 H1 预期一致。列（2）的交乘项 $dum \times state$ 显著小于 0，意味着相对于非国有企业，国有控股公司的处理组在取得高新技术企业资格前一年有显著更低的异常费用，符合假设 H2 预期。表 5 - 8 中最后对 2SLS 回归结果进行过度识别检验，表明相应的 2SLS 回归中至少有一个合适的工具变量。另外，表 5 - 8 还进行了弱工具变量检验，最小特征值统计量（minimum eigenvalue statistic）都大于 10，拒绝了弱工具变量原假设。

表 5 - 8　　　　　　运用固定效应模型 2SLS 方法的检验结果

变量	(1) ab_expen	(2) ab_expen
dum	0.005 ** (2.091)	0.007 ** (2.370)
$size$	0.013 * (1.952)	0.012 * (1.950)
roa	0.008 (0.623)	0.005 (0.418)
$levy$	0.002 (0.141)	- 0.001 (- 0.100)
$asseturn$	0.020 *** (2.969)	0.021 *** (3.041)
mtb	0.000 (1.318)	0.000 (1.316)
$compens$	- 0.001 (- 0.298)	- 0.001 (- 0.279)
$big4$	- 0.012 (- 1.208)	- 0.013 (- 1.277)
$dum \times state$		- 0.005 * (- 1.658)

续表

变量	(1) *ab_expen*	(2) *ab_expen*
mscore		0.003 (0.841)
常数项	−0.006 * (−1.865)	−0.029 (−1.059)
R^2	0.102	0.181
样本数	538	537

tests of overidentifying restrictions	sargan N × R^2 test	0.3930	0.4457
	basmann test	0.4000	0.4534
H0：instruments are weak	minimum eigenvalue statistic	95.7981	69.3014

注：（）内为根据标准误计算的 t 值；*** 、** 、* 分别表示达到1%、5%、10%的显著性水平。

5.6 高新技术企业在认定前倾向于更少的开发支出资本化吗

5.6.1 高新技术企业开发支出资本化倾向与数据来源

本节我们考察开发支出的资本化问题，考察开发支出究竟是倾向于选择资本化还是费用化。我们预期，基于高新技术企业认定之后所得税税率降低预期，高新技术企业在申报前会基于避税动机更少将开发支出资本化，即在认定前会将开发支出更多进行费用化。因为研发支出的会计核算实行有条件资本化会计政策，这导致在会计实务中，公司管理层有较大的会计政策选择空间。例如，公司可以宣称执行会计谨慎性原则，选择较少的资本化开发支出，更多的费用化开发支出。

我国上市公司总体上存在研发信息披露较少、会计科目使用不够规范等问题。为了确保数据的可靠性，我们根据会计准则规定与年报披露的具体情况，归纳了如下两个关于研发支出信息内部的勾稽关系，以此为依据来核对整理开发支出数据。

勾稽关系一：当期研发发生额 = 研究阶段发生额 + 开发阶段发生额。

勾稽关系二：期初开发支出总额 + 当期开发支出发生额 – 开发支出费用化 – 转入无形资产 – 转入固定资产 – 转入存货 – 转入在建工程 = 挂账金额。

为了与前面主回归的样本相匹配，我们收集了与前文所述的同一时期的母公司为高新技术企业的上市公司，阅读整理年报时间跨度同样是从 2007 ~ 2015 年。值得注意的是，由于上市公司在年报中不披露其母公司的研发支出数据情况，因此我们手工收集的是上市公司集团总体的研发支出数据，以之来替代母公司的数据。

我们预期高新技术企业会基于避税动机，更少选择将开发支出资本化，即更多选择将开发支出费用化。然而，在高新技术企业资格认定前，企业更少的将开发支出资本化，会不会影响其被认定为高新技术企业的可能性。为清晰阐述该问题，我们列示了表 5 – 9，以说明企业申报纳税与高新技术企业资格认定过程中研发费用概念的不同之处。

表 5 – 9　企业纳税申报与高新技术企业资格认定过程中研发费用概念的差异

项目	企业纳税申报中的研发费用	高新技术企业资格认定过程中的研发费用
概念的界定依据	税法	高新技术企业认定管理办法及其指引
界定目的	计算应纳税所得额	计算企业研发强度
具体内容	当期可抵扣的研发费用	当期实际发生的研发支出
与会计核算科目的对应关系	当期"研发支出"科目结转到"管理费用"的金额	当期"研发支出"科目的借方发生额
是否受会计政策影响	受资本化费用化政策影响	不受资本化费用化政策影响

如表 5 – 9 所示，首先，企业申报纳税过程中的研发费用与高新技术企

业资格认定过程中的研发费用，两者的界定依据与目的不同。企业申报纳税过程中的研发费用概念的界定依据是税法，是为了准确计算企业的应纳税所得额；而后者的界定依据是《高新技术企业资格认定管理办法》与相关工作指引，《高新技术企业资格认定管理办法》要求提交近三个会计年度的研究开发费用总额占同期销售收入总额的比例，要求企业计算研发强度，其目的是将重视研发且其研发投入达到一定强度以上的企业筛选出来，并给予税收等方面的优惠与扶持。因此，两者确认的具体内容有所不同，前者是税法上可扣除的研发费用，而后者是企业当期实际发生的研发支出，即企业研发投入。

与此同时，2008 年以前我国企业的会计核算体系并没有名称为"研发费用"的一级会计科目，2007 年后的会计准则要求对研发支出实行有条件资本化的会计政策。当企业发生研发支出时，通常借记"研发支出"科目。"研发支出"科目在会计期末进行结转，或者资本化到无形资产等会计科目，或者费用化到"管理费用"会计科目，也有的企业保留在"研发支出"科目下不进行结转。如表 5-9 所示，企业纳税申报过程的研发费用对应着企业研发支出当期费用化到"管理费用"的数值，它会受到研发支出资本化费用化会计政策选择的影响。而高新技术企业资格认定中的研发费用数据则对应着企业当期"研发支出"的当期借方发生额，不会受企业研发支出后续的资本化费用化会计政策选择的影响。

5.6.2 高新技术企业在认定前开发支出资本化倾向的检验结果

我们运用两种方法度量开发支出资本化倾向，在表 5-10 中列示了高新技术企业在认定前开发支出的资本化倾向的回归检验结果。表 5-10 根据彼得森（Peterson，2009）的方法进行回归检验，括号内的 t 值考虑了行业层面与年度层面的聚类效应，表 5-10 的列（1）使用研发支出资本化与总资产之比 *rd_asset* 作为被解释变量资本化倾向，*dum* 的估计系数在 1% 的水平上显著为负，说明高新技术企业在认定前更倾向于较少将开发支出资本化，更多将开发支出费用化。表 5-10 的列（2）使用当期开发支出资本化金额与当期开发支出发生额之比 *rd_devexp* 作为被解释变量资本化倾向，*dum* 的估计系数亦在 10% 的水平上显著为负，说明当企业获得高新技术认定资格前，管理层越倾向于更少将开发支出资本化，更多将开发支出费用化。总之，表 5 – 10 的检验结果反映了披露研发会计信息公司的会计行为特征，意味着高新技术企业在认定前会通过将开发支出更多费用化来向上操控费用，与假设 H1 预期的内在逻辑仍然保持一致。

表 5 – 10   高新技术企业在认定前倾向于更少将开发支出资本化吗

变量	(1) rd_asset	(2) rd_devexp
dum	− 0.002 *** (− 4.871)	− 0.859 * (− 1.892)
levy	− 0.002 *** (− 4.503)	− 0.48 (− 0.761)
size	0.008 (1.410)	0.452 (0.286)
mtb	0.000 (1.302)	0.042 (0.431)
常数项	0.041 *** (4.652)	12.377 (0.855)
R^2	0.088	0.023
样本数	98	90

注：( ) 内的 t 值考虑了行业层面与年度层面的聚类效应；*、**、*** 分别表示在 10%、5%、1% 的显著性水平；所有数据来源于合并报表，所有连续变量在 1% 水平上进行 winsorize 处理。

5.7 研究结论与启示

为推动科技创新与科技进步，科技部、财政部与国家税务总局在 2008 年出台了《高新技术企业认定管理办法》和《高新技术企业认定管理工作指引》，以明确高新技术企业的认定标准，使得宏观产业政策与税收激励政策的实施具有了可操作性，为国民经济增长方式转变到依靠科技创新起到了积极推动作用。然而，审计署发现高新技术企业在纳税申报过程中存在较多不规范行为，为此我们对高新技术企业在认定过程中的费用操控行为展开实证研究。研究发现，高新技术企业在认定前一年进行了显著向上费用操控；与国有控股公司相比，非国有控股公司在高新技术企业认定前一年有更强动机进行向上费用操控。这表明企业有动机将销售费用与管理费用向认定前进行跨期转移来取得节税收益。我们还发现，高新技术企业在认定前倾向于将开发支出更少资本化，即更多费用化以向上操控费用；证据表明有企业通过将开发支出费用化来取得节税收益。

针对高新技术企业认定过程中存在的费用操控问题，为有效治理高新技术企业在纳税申报过程中的费用信息质量，未来需要特别注重加强对高新技术企业纳税申报过程中的下列管理。首先，税收征管部门可以运用信息技术加强对高新技术企业费用数据的核查工作，例如，可以运用本章方法计算异常费用，并借鉴 IT 审计方法（如班佛定律）对异常研发数据进行筛选，并在数据筛选的基础上进行管理与销售费用的信息质量检查。其次，重新设计与规范对研发信息的会计核算方法和信息披露制度，使得研发费用账户的外延应该与其他会计项目核算内容不存在交叉重叠部分，使得研发费用账户存在清晰的数据勾稽关系。最后，应强化鉴证机构在高新技术企业资格认定以及研发费用加计扣除纳税申报中的审计责任，强化执行高新技术企业纳税申报过程中研发费用专项审计，严惩通过不实、舞弊等手段脱逃税款的企业，同时也必须加大对鉴证机构的惩罚力度。

5.8 本章小结

为鼓励高新技术企业的科技进步与科技创新，国家相关部委在 2008 年出台了《高新技术企业资格认定管理办法》。然而，审计署却发现高新技术企业在纳税申报过程中存在较多不规范行为。为此，本章对 2008~2014 年取得高新技术企业资格上市公司的费用操控行为进行研究，研究发现高新技术企业在通过认定取得高新技术企业资格前一年有显著向上的费用操控行为。相对于国有控股公司，非国有控股公司进行费用操控的动机更加强烈。此外，我们还发现高新技术企业在通过高新技术企业资格认定前一年会更少地将开发支出资本化。实证结果一致表明，在通过高新技术企业资格认定前一年有相关企业会通过向上操控费用项目以达到避税目的。

第 6 章
高新技术企业复审过程中的
费用操控行为研究

6.1　引言

为了将我国建设成科技强国，科技部、财政部与税务总局 2008 年颁布了《高新技术企业认定管理办法》和《高新技术企业认定管理工作指引》等相关制度（简称"高新技术企业认定制度"），以激励企业加大研发投入，并于 2016 年对高新技术企业认定制度进行了修订。高新技术企业认定制度为高新技术企业资格认定工作提供了标准，将鼓励企业研发活动的宏观政策落实到微观操作层面。税务部门与财政部门对通过认定并取得高新技术企业资格的企业提供税收优惠和财政资金支持，通过高新技术企业资格认定取得高新技术企业资格能为企业带来巨大税收利益。

高新技术企业资格证书的有效期是 3 年，在期满前 3 个月内高新技术企业应提交复审申请，复审结果不合格或者没有提交复审申请的企业，高新技术企业资格到期将自动失效。高新技术企业认定过程要求企业必须达到研发费用强度等一系列具体标准，取得高新技术企业资格后能享受减免 40% 的所得税优惠政策，优惠政策存续期为 3 年。3 年期满后，如果期望继续享受高新技术企业的税收优惠政策，需要进行高新技术企业资格的复审。复审通过的企业还能继续享受按 15% 税率征收企业所得税的优惠政策；否则，高新技术企业资格失效，按照一般企业 25% 税率征税。

　　本章不是考察高新技术企业首次认定过程中的费用操控行为，而是考察高新技术企业复审过程中的费用操控行为。高新技术企业首次认定与复审的不同之处在于，在高新技术企业首次认定过程中，认定前企业税率为 25%，认定后高新技术企业税率降低为 15%；在高新技术企业复审过程中，复审前企业税率为 15%，复审通过的企业所得税税率为 15%，否则为 25%。因此，高新技术企业在首次认定过程中可能基于两种动机进行显著向上的费用操控，一种动机是基于避税动机，还有一种动机是为了达到研发费用强度指标以通过高新技术企业资格认定。然而，高新技术企业在复审过程中，复审企业有着显著向上的费用操控，不可能是基于税率变化进行避税动机的影响结果，只能是为了达到研发费用强度指标以帮助高新技术企业通过复审。为找到高新技术企业费用操控行为背后的特定动机，本章只考察高新技术企业复审过程中的费用操控行为。

　　本章研究贡献在于，拓宽了管理层会计政策选择行为研究的制度视角，丰富了对中国会计信息质量问题研究的制度背景。以往管理层会计行为选择的诸多研究成果集中在管理层薪酬契约、债务契约、代理人竞争制度与公用事业部门收费管制制度与会计行为选择之间关系，但很少有研究者关注我国重要的高新技术企业认定制度所引发的会计行为选择问题。本章将管理层会计行为选择研究拓展到高新技术企业资格认定制度视角。高新技术企业是中国经济发展的引擎与核心驱动力，高新技术企业认定制度影响到的高新技术企业数量远远超过 A 股公司数量。对 A 股市场的会计信息质量研究的成果主要集中在 IPO、配股、增发以及退市制度下的会计信息质量问题，鲜有研究关注到重要的高新技术企业认定制度。

　　本书丰富了费用操控动机研究的经验证据，发现了在高新技术企业复审过程中，复审前企业有着显著向上的费用操控，这意味着高新技术企业在复审过程为了达到研发费用强度指标要求而进行向上的费用操控。以往费用操控文献通常基于盈余管理动机、资本市场与契约动机来进行研究，发现了显著的向下费用操控行为。但没有研究关注到高新技术企业认定制度会引发管理层的费用操控行为，没有关注到我国企业进行费用操控的动因还包括通过高新技术企业资格认定。本章将高新技术企业资格复审和费用操控二者结合起来进行实证研究，发现有企业会出于高新技术企业资格认定动因进行显著向上的费用操控。此外，本书还提供了公司股权性质等企业特征如何影响企业费用操控行为的经验证据。

6.2　文献回顾

虽然没有研究将高新技术企业资格认定和费用操控直接联系起来，但有文献对费用操控进行了研究。费用操控是真实盈余管理研究中的重要测度，通常是针对广告费用、员工培训费用、研发费用等诸多酌量性费用进行操控，现有费用操控研究具有以下特点：几乎都是从会计盈余信息角度出发，从操控动机、方式与经济后果角度进行研究。费用操控动机主要包括实现短期盈余、基于资本市场动机与契约动因。

首先，管理层会基于实现短期盈余动机进行费用操控。巴伯等（Baber et al.，1991）研究发现公司管理层出于弥补亏损或超过上一年度盈余动机，减少其研发支出进行方向向下的费用操控。佩里和格林纳克（Perry and Grinaker，1994）研究发现当公司收益低于分析师预测时，会对公司研发支出产生负面影响。格雷厄姆等（Graham et al.，2005）访谈发现大多数公司管理层同意会出于短期盈余管理动机来降低研发、广告和维修方等支出。科恩（Cohen，2010）运用月度数据研究也发现公司管理层会基于达到或超过正利润、上一期盈利或盈余预测的动机来进行方向向下的费用操控。

其次，管理层会基于资本市场动机进行费用操控。布拉杰等（Bhojraj et al.，2009）发现相对于未达到分析师预期的高信息质量公司，达到分析师盈余预期的低信息质量公司有更好短期市场价格表现。科恩（Cohen，2008）发现 SOX 法案颁布后，管理层更倾向于选择包括向下费用操控等方式的真实盈余管理。科塔里等（Kothari et al.，2016）发现在股权再融资之前，上市公司会通过向下费用操控提高会计盈余以取得更高的发行价格。

最后，管理层会基于契约动机进行费用操控。拉克尔（Larcker，1987）发现商业银行管理者为获得较高的薪酬会向下操控行政费用。程（Cheng，

2004）发现薪酬委员会机制设计能够抑制向下削减研发支出的机会主义行为。埃尔登堡等（Eldenburg et al.，2011）发现非营利组织管理层有较强的绩效激励动机时会降低非营运费用。

上述文献大多属于真实盈余管理领域的费用操控研究，发现了基于不同动机的方向向下的费用操控行为，很少发现企业会进行方向向上的费用操控行为。为此，我们把文献回顾的视角拓展到应计盈余管理领域，发现了向上调节会计费用项目的少量证据。伯内曼等（Bornemann et al.，1987，2015）通过对德国储蓄银行的研究发现，变更后的新 CEO 更倾向于增加变更当期的酬量性费用；与来自内部的新 CEO 相比，来自外部的新 CEO 更倾向于增加变更当期的酬量性费用。

综上所述，虽然已有研究分别对费用操控行为进行了研究；但已有费用操控研究主要集中在其他制度背景，没有关注到中国重要的高新技术企业认定制度。另外，真实盈余管理领域关于费用操控的实证研究几乎都发现方向向下的费用操控行为，较少发现企业会进行方向向上的费用操控。因此，我们提供了一个基于我国制度背景的经验研究，对高新技术企业复审前的费用操控行为展开实证研究。

6.3　研究假设

拥有国家高新技术企业资质的企业能享受到一系列利好。第一，高新技术企业所得税可以享受减免40％的所得税优惠政策，高新技术企业根据税法能享受15％的企业所得税税率，一般企业的所得税税率为25％。这意味着，如果高新技术企业的税前利润有 1 亿元以上，相对于一般企业它至少节约所得税千万元。第二，不少省份政府根据当地实际情况给予国家高新技术企业一定政府优惠补贴政策。例如，如果被新认定为国家高新技术企业，合肥市将奖励 20 万元，如果位于合肥市高新区还有 20 万元的奖励。国家高新技术企业在购买土地时，地方政府还会给予用地价格优惠政策。第三，国家高新技术企业资质也是很多其他科技项目申报的基础，如创新基金、国家技术工程中心等众多科技项目。第四，除此之外，高新技术企业资格还会为企业竞争带来潜在声誉。国家高新技术企业资格是企业研发实力的象征，意味着更多研发投入以及可能更好的产品附加值，能帮助企业在招投标等市场行为中占得先机，赢得市场竞争优势。

高新技术企业资格证书的有效期是三年，在期满前三个月内高新技术企业应提交复审申请，复审结果不合格或者没有提交复审申请的企业，高新技术企业资格到期将自动失效。2008 年的《高新技术企业认定管理办法》规定了企业复审的具体要求，复审需提交近三年研发等技术创新活动开展情况的报告，复审重点审查管理办法的第十条第（四）款。第十条第（四）款特别对研发费用强度作出了具体的数量化要求，如表 6 – 1 所示。

表 6 – 1　　　　《高新技术企业认定管理办法》第十条第（四）款
对研发费用强度的规定

项目	研发强度
当企业最近一年销售收入小于 5 000 万元时	≥6%
当企业最近一年销售收入在 5 000 万 ~ 20 000 万元时	≥4%
当企业最近一年销售收入在 20 000 万元以上时	≥3%

注：研发强度等于企业近三个会计年度的研究开发费用之和除以近三年销售收入之和。
资料来源：2008 年《高新技术企业认定管理办法》。

上述高新技术企业资格带来的实质与潜在性利好促使相关企业有强烈动机去设法通过复审，再次取得高新技术企业资格。为通过复审，企业需要满足表 6 – 1 中对企业研发费用强度的相关要求。而现实的情况是我国上市公司研发费用强度存在明显不足，2016 年《证券日报》对我国企业研发费用强度不足问题进行了专门报道。为达到表 6 – 1 中研发费用强度要求，研发强度不足的高新技术企业在复审过程中会对相关研发费用进行向上费用操控。

企业在高新技术企业资格复审过程中能够对认定前相关研发费用进行向上操控，是基于下列有利现实条件。首先，对研发费用的会计核算较为复杂，研发项目的产生与归集涉及的会计核算内容较多，易于将不恰当内容归类到研发费用项目。其次，企业能将后期将发生的研发费用跨期转移式到复审前。因此，企业内部会计人员理解其中会计核算的复杂之处，能够进行研发费用向上操控。

另外，虽然企业在高新技术企业复审过程中需要出具专项审计报告，但对于出具研发费用专项审计报告的事务所而言，事务所很难出具高质量专项审计报告，是由于存在下列因素制约着专项审计活动质量。首先，研发费用专项审计活动较为复杂，不仅需要涉及研发费用项目产生与归集真实性审计目标的测试，还需要借助于产业专家的专业判断以区分研发与产品升级换代支出，外部审计人员很难区分企业内部研发与其他过程之间界限。其次，研发费用专项审计活动收费较低，制约了审计人员的努力程度，制约了审计机构借助于产业专家的专业判断。最后，研发费用专项审计活动带来的审计责任较低，即使事务所被发现出具了不恰当的审计意见，也仅仅只是取消高新技术企业认定过程中的审计资格。

综上所述，企业有内在动机、内部能力、也有外部条件对研发费用项目进行方向向上的费用操控，基于以上分析，本章提出以下假设：

假设 H1：为通过高新技术企业复审，高新技术企业在其高新技术企业资格存续期的最后一年会有更多的向上费用操控行为。

下面对不同股权性质企业进行分析，非国有控股企业也存在委托代理问题，如果非国有控股企业的控股股东是法人，本质上一定落实到具体实际控制人。非国有控股公司的委托代理链条比较清晰，致使其经营目标非常明确，就是在市场竞争中胜出以获得更多利润。而国有企业还承担着维护社会稳定，促进地方经济发展等其他责任。因此，非国有企业实际控制人会更加关注企业经营绩效。

我们预期非国有控股公司有更强动机去进行费用操控，以达到高新技术企业复审中对研发费用强度的要求，这是因为非国有控股公司业绩相对较好，取得高新技术企业资质其实际享受到的节税收益较大。例如，税法规定，业绩较差的亏损企业不仅不用缴纳当期所得税，其当期亏损还可以在未来 5 年内用于弥亏，因此其未来只需要缴纳很少的所得税甚至不用缴纳企业所得税，此时高新技术企业资格带来的所得税税收优惠政策对业绩较差企业的激励效应较弱。因此，我们预期非国有企业有更强动机去进行更显著向上的费用操控。基于以上分析，本章提出以下假设：

假设 H2：非国有高新技术企业在高新技术企业资格存续期的最后一年有更强动机的进行向上费用操控。

我国企业研发费用信息披露经历了以下发展历程：2000 年以前，企业对研发费用的信息披露属于自愿性行为，并没有相关制度准则要求。2001 年中国证监会发布了上市信息披露内容格式，要求企业需要披露研发费用的相关数据，但是其可以自愿选择是否详细披露研发支出的信息。在这一阶段，我国上市公司对研发活动的核算采用全部费用化处理，披露仅在损益表的管理费用中作简单的列示，而在报表附注中详细披露每年研发支出的具体项目数据的公司少之又少。2006 年我国财政部发布了修订后的《企业会计准则第 6 号——无形资产》，对研发活动的会计核算采用部分资本化，指出企业应当在报表附注中披露计入当期损益和确认为无形资产的研究开发支出金额。但是事实上，在 2006 年后我国上市公司对研发活动的披露仍然属于非强制披露阶段。

强制性披露的信息令投资者不容易判别企业研发支出的质量，但是非强制披露的信息有助于鉴别不同研发水平的企业（Jones，2007）。特别地，如果企业充分披露其研发费用资本化费用化会计政策与支出金额，说明其研发水平较高；反之，企业没有充分披露其研发费用资本化费用化会计政策，更大概率表明该公司的研发水平不足。在高新技术企业复审的背景下，高新技术企业为达到表 6 - 1 中对复审公司的研发费用强度要求，研发强度不足的高新技术企业在复审过程中会对相关研发费用进行向上费用操控。基于以上分析，本章提出以下假设：

假设 H3：相对于充分披露研发费用资本化费用化会计政策的企业，没有充分披露该会计政策的高新技术企业在高新技术企业资格存续期的最后一年有更多的向上费用操控行为。

6.4　数据来源和模型选择

6.4.1　数据来源和样本选择

研究样本时间跨度是从 2008 ~ 2015 年，我们首先通过阅读高新技术企业认定公告，采集从 2008 年 1 月 1 日 ~ 2011 年 12 月 31 日的上市公司母公司首次取得高新技术企业资格的样本共 362 家，这 362 家高新技术企业的复审时间处于 2011 年 1 月 1 日 ~ 2014 年 12 月 31 日，高新技术企业认定与复审公告来自巨潮资讯网。负债率大于 1 意味公司已处于资不抵债的状况。为控制异常值对回归检验的影响，本章将资不抵债的公司样本与资产负债率缺失的样本进行剔除，剩余高新技术企业上市公司 356 家。其他变量均来源于国泰安（CSMAR）数据库。

高新技术企业资格存续期为 3 年，例如，S 公司在 2011 年取得高新技术企业资格，它的高新技术企业资格的存续期为 2011 ~ 2013 年，该公司高新技术企业资格存续期的最后一年是 2013 年，为再次获得高新技术企业资格它需要复审高新技术企业资格，如果复审通过，在后续的 2014 ~ 2016 年仍然具有高新技术企业资格。本章定义在高新技术企业资格存续期的最后一年哑变量 dum 的取值为 1，在高新技术企业资格存续期最后一年的前后两年取值都为 0；如果 S 公司在 2013 年哑变量 dum 取值为 1，在 2011 年、2012 年、2014 年、2015 年 dum 取值为 0。

研究样本时间跨度是 2008 ~ 2015 年，是因为后续期间三部委对 2008 年颁布的《高新技术企业认定管理办法》进行了修订，2016 年 1 月 1 日起实施修改后的《高新技术企业认定管理办法》，修订前的《高新技术企业认定管理办法》同时废止。

6.4.2　模型选择

为了检验在取得高新技术企业资格前一年企业是否有显著向上的费用操控，运行模型（6 - 1）对假设 H1 进行检验。

$$ab\_expen = k_1 \times dum + k_2 \times control + \varepsilon_{it} \qquad (6-1)$$

被解释变量 ab_expen 是借鉴罗伊乔杜里（Roychowdhury，2006）模型计算的异常费用。解释变量是 dum 是哑变量，在上市公司母公司高新技术企业资格存续期的最后一年哑变量 dum 的取值为 1，在高新技术企业资格存续期最后一年的前后两年取值都为 0。根据假设 H1，dum 的估计系数应该显著为正，变量定义见表 6 - 2。

表 6 – 2   变量定义

代码	定义
ab_expen	运用伊乔杜里（Roychowdhury，2006）模型度量的异常费用，来自母公司报表数据
dum	在高新技术企业资格存续期的最后一年哑变量 *dum* 的取值为 1，在高新技术企业资格存续期最后一年的前后两年取值都为 0
state	国有控股公司取值为 1，其他取值为 0
dum × state	*dum* 与 *state* 的乘积
fulldisclo	当高新技术企业在首次取得高新技术企业资格的第一年就充分披露研发费用资本化费用化会计政策时哑变量 *fulldisclo* 取值为 1，否则取值为 0
dum × fulldisclo	*dum* 与 *fulldisclo* 的乘积
size	总资产自然对数，数据来自母公司报表
mtb	市值除以净资产，数据来自母公司报表
roa	期末净利润/当期总资产余额，数据来自母公司报表
levy	当期负债总额/当期资产总额，数据来自母公司报表
asseturn	总资产/营业收入，数据来自母公司报表
compens	董监高前三名的薪酬总额取自然对数
big4	被四大审计的公司取值为 1，否则为 0
loss	当 *roa* 小于 0 时取值为 1，否则为 0
expense	（销售费用＋管理费用）/期初总资产，数据来自母公司报表
dumyear2010	哑变量，2010 年取值为 1，其他年度取值为 0

为了检验假设 H2，运行模型（6 – 2）进行检验。解释变量包括 *dum* 与 *dum × state*，交乘项 *dum × state* 是哑变量 *dum* 与 *state* 取值的乘积。非国有控股公司在取得高新技术企业资格前一年进行的费用操控程度等于变量 *dum* 的估计系数，国有控股公司在取得高新技术企业资格前一年进行的费用操控程度等于变量 *dum × state* 的估计系数与 *dum* 的估计系数之和，根据假设 H2 预期，变量 *dum × state* 的估计系数应该显著为负。

$$ab\_expen = k_1 \times dum + k_2 \times dum \times state + k_3 \times control + \varepsilon_{it} \qquad (6-2)$$

为了检验假设 H3，运行模型（6-3）进行检验。解释变量包括 dum 与 $dum \times fulldisclo$，交乘项 $dum \times fulldisclo$ 是哑变量 dum 与 $fulldisclo$ 的乘积，当高新技术企业在取得高新技术企业资格的第一年就充分披露研发费用资本化费用化会计政策时哑变量 $fulldisclo$ 取值为 1，否则为 0。充分披露公司在高新技术企业复审年度进行的费用操控程度等于变量 $dum \times fulldisclo$ 的估计系数与 dum 的估计系数之和。根据假设 H3 预期，变量 $dum \times fulldisclo$ 的估计系数应该显著为负。

$$ab\_expen = k_1 \times dum + k_2 \times dum \times fulldisclo + k_3 \times control + \varepsilon_{it} \quad (6-3)$$

本章借鉴罗伊乔杜里（Roychowdhury，2006）的研究，选择表示公司基本特征的资产规模 $size$，公司市净率 mtb，资产收益率 roa 作为模型（6-1）与模型（6-2）的控制变量。除此之外，还选择反映企业偿债能力的资产负债率 $levy$ 作为控制变量，是因为以往研究发现企业债务契约会影响管理层会计行为选择。选择总资产周转率 $asseturn$ 作为控制变量，是因为资产周转率能反映公司的营运能力，以往研究发现营运能力越强营运费用消耗越多。选择前三名高管的薪酬总额 $compens$ 作为控制变量，是考虑高管薪酬契约通常与公司业绩及企业未来发展息息相关，薪酬更高的管理者可能更有动机进行费用操控。选择是否被四大会计师事务所审计的哑变量 $big4$ 作为控制变量，是因为以往研究通常认为国际四大所有更强的议价能力，能起到更好监督作用。

6.4.3　变量说明

被解释变量——我们运用模型（6-4）分行业分年度回归，估计残差项以度量被解释变量异常费用 ab_expen。模型（6-4）中的 $expense$ 等于（销售费用＋管理费用）/期初总资产。$A_{i,t-1}$ 为公司上一年年末总资产。$S_{i,t-1}$ 为公司上一年年营业收入。

$$expense_{it} = \alpha_0 + \alpha_1(1/A_{i,t-1}) + \beta_1(S_{i,t-1}/A_{i,t-1}) + \varepsilon_{it} \quad (6-4)$$

计算异常费用 ab_expen 需要细分的行业分类信息以计算行业虚拟变量。由于 2015 年后国泰安（CSMAR）数据库不再提供根据中国证监会 2001 年行业分类指引划分的行业信息，只提供根据中国证监会 2012 年行业分类指引划分的行业分类信息。除制造业字母编码 C 以外，本章中其他 17 个行业按照字母编码来区分行业分类信息（A/B/D/E/···/Q/R/S）。

但制造业不能根据字母编码 C 来区分行业，因为制造业一个行业的样本数超过其他十几个行业的样本总和。制造业根据一位数字编码（C1/C2/C3/C4）来区分为四个行业也不合理，因为每个行业样本数仍然过多。根据字母编码 C 后面两位数字编码来细分行业也不合理，制造业将被细分为 30 个行业，制造业行业分类过细。因此，为保证制造业内部归类细分的每个行业与非制造业每个行业的样本数量之间保持均衡，本章根据 2012 年与 2001 年中国证监会行业分类指引间的对应关系，表 6 - 3 将制造业归类细分为 11 个行业（C0/C1/···/C10）。

表 6 - 3   2012 年制造业内部细分行业归类方法

行业分类	代码
C0 食品、饮料	C13/C14/C15/C16
C1 纺织、服装、皮毛	C17/C18/C19
C2 木材、家具	C20/C21
C3 造纸、印刷	C22/C23/C24
C4 石油、化学、塑胶、塑料	C25/C26/C28/29
C5 电子	C39
C6 金属、非金属	C30/C31/C32/C33
C7 机械、设备、仪表	C34/C35/C36/C37/C38/C40/C43
C8 医药、生物制品	C27
C9 其他制造业	C41
C10 废弃资源和废旧材料回收加工	C42

本章所有变量定义如表 6 - 2 所示，注意表 6 - 2 中公司层面财务数据均来自母公司报表，是因为上市公司集团内部其他子公司并不一定是高新技术企业，运用合并报表数据会对研究结论产生影响。由于被解释变量 *ab_expen* 的数学期望为 0，因此当对被解释变量 *ab_expen* 进行回归检验时，我们对所有连续型

控制变量进行了中心化处理，将每个变量的值减去其对应行业年度均值。

哑变量 *fulldisclo* 的进一步说明：当高新技术企业在取得高新技术企业资格的第一年充分披露研发费用资本化费用化会计政策，哑变量 *fulldisclo* 取值为 1，否则取值为 0。我们按照下列规则界定什么是充分披露研发费用资本化费用化会计政策。我们根据会计准则规定与年报披露的具体情况，归纳出如下反映研发费用资本化费用化会计政策的数量关系（期初开发支出总额 + 当期开发支出发生额 − 开发支出费用化金额 − 开发支出资本化金额 = 挂账金额），以此数量关系为依据来核对整理开发支出数据。当高新技术企业在首次取得高新技术企业资格的第一年就在年报中充分就披露了满足上述勾稽关系的相关数据，我们将定义哑变量 *fulldisclo* 取值为 1，否则取值为 0。值得注意的是，由于上市公司在年报中不披露其母公司的研发支出数据情况，因此我们按照下列数量关系收集的是上市公司集团总体的研发支出数据。我国上市公司总体上存在研发信息披露较少的问题。

6.5 实证检验与分析

6.5.1 主要变量的描述统计

表 6 - 4 中列示了主要变量描述统计量，有 1 658 个样本的主要变量都没有缺失值。被解释变量异常费用 *ab_expen* 均值为 0.0016，最小值 − 0.0512，最大值 0.1022 相对于标准差 0.0265 较大，表明高新技术企业的异常费用变异程度较大。*dum* 均值接近于 1/5，这是因为在高新技术企业资格存续期的最后一年哑变量 *dum* 的取值为 1，在高新技术企业资格存续期最后一年的前后两年取值都为 0。高新技术企业资产收益率 *roa* 均值为 0.0447，总资产周转率 *asseturn* 均值为 0.6040。资产负债率 *levy* 的最大值为 0.8829 小于 1，是因为我们剔除了资不抵债高新技术企业样本。

表 6 – 4　　　　　　　　　　　主要变量描述统计

变量	样本数	平均值	标准差	最小值	最大值
ab_expen	1 658	0.0016	0.0265	– 0.0512	0.1022
dum	1 658	0.2033	0.4025	0	1
size	1 658	21.5075	1.0359	19.1147	25.0850
roa	1 658	0.0447	0.0562	– 0.2080	0.2463
levy	1 658	0.4047	0.1865	0.0054	0.8829
asseturn	1 658	0.6040	0.3745	0.0010	2.1097
mtb	1 658	3.5139	2.5254	0.7475	26.3017
comp	1 658	14.0648	0.7098	11.9505	15.9839
big4	1 658	0.0501	0.2181	0	1
loss	1 658	0.8963	0.3050	0	1

注：表中连续型控制变量没有经过中心化处理。

6.5.2　回归检验的结果

表 6 – 5 列示了固定效应模型估计结果，表中被解释变量为异常费用 ab_expen，列（1）对哑变量 dum 进行回归，解释变量 dum 的估计系数在 1% 水平上显著大于 0。列（2）回归中添加了控制变量，解释变量 dum 的估计系数仍然在 1% 水平上仍然显著大于 0，表明高新技术企业在其高新技术企业资格存续期的最后一年会有更多的向上费用操控行为，与假设 H1 预期一致。控制变量市净率 mtb 的符号显著大于 0，成长性更好企业通常需要更高的销售管理费用率。控制变量资产周转率 asseturn 的系数也显著大于 0，反映当公司资产营运效率更高时，通常需要相对更多的销售与管理等营运费用。

表 6 – 5　　　　　　　　　对假设 H1 的固定效应模型检验

变量	（1） ab_expen	（2） ab_expen
dum	0.004 *** （5.247）	0.004 *** （4.943）
size		– 0.005 * （– 1.877）

续表

变量	（1） ab_expen	（2） ab_expen
roa		0. 012 *** （6. 165）
levy		0. 010 *** （4. 763）
asseturn		0. 017 *** （4. 031）
mtb		0. 000 *** （3. 302）
compens		0. 005 *** （3. 326）
big4		− 0. 006 * （− 1. 712）
loss		− 0. 002 * （− 1. 661）
常数项	0. 001 *** （5. 079）	0. 002 * （1. 710）
样本数	1 658	1 658

注：（ ）内为根据标准误计算的 t 值；*** 、 ** 、 * 分别表示达到 1% 、 5% 、 10% 的显著性水平；表中连续型控制变量经过中心化处理；所有连续变量在 1% 水平上进行 winsorize 处理。

表 6 – 6 列示了固定效应模型的回归结果，列（1）与列（2）是运用全样本进行检验，被解释变量 ab_expen 对哑变量 dum 与交乘项 dum × state 进行回归。列（1）没有添加控制变量，列（2）中添加了控制变量。无论在列（1）还是列（2），解释变量 dum 的估计系数都在 1% 水平上显著大于 0，表明非国有控股公司在高新技术企业资格存续期最后一年进行了显著的向上费用操控。解释变量 dum × state 显著小于 0，与假设 H2 预期一致。国有控股公司在高新技术企业资格存续期最后一年的费用操控程度等于变量 dum 与 dum × state 的估计系数之和，进行联合检验发现两变量的估计系数之和并不显著，无证据表明国有控股公司在高新技术企业资格存续期最后一年前进行了向上费用操控。

表 6 – 6   对假设 H2 的固定效应模型检验

变量	（1） ab_expen	（2） ab_expen
dum	0.006 *** （6.016）	0.006 *** （6.037）
dum × state	－ 0.006 *** （－ 3.502）	－ 0.006 *** （－ 3.562）
size		－ 0.005 *** （－ 2.918）
roa		0.012 *** （4.940）
levy		0.010 *** （4.583）
asseturn		0.017 *** （6.676）
mtb		0.000 *** （2.599）
compens		0.005 *** （3.426）
big4		－ 0.006 （－ 1.488）
loss		－ 0.002 * （－ 1.670）
常数项	0.001 ** （2.155）	0.002 * （1.781）
样本数	1 658	1 658

注：*** 、** 、* 分别表示达到 1%、5%、10% 的显著性水平；连续型控制变量经过中心化处理，所有连续变量在 1% 水平上进行 winsorize 处理。

表 6 – 7 列示了固定效应模型的回归结果，列（1）与列（2）是运用全样本进行检验，被解释变量 ab_expen 对哑变量 dum 与交乘项 dum × fulldisclo

进行回归。列（1）没有添加控制变量，列（2）中添加了控制变量。无论在列（1）还是列（2），解释变量 dum 的估计系数都在 1% 水平上显著大于 0，表明没有充分披露研发费用资本化与费用化政策的高新技术企业在高新技术企业资格存续期最后一年进行了显著向上的费用操控。解释变量 $dum \times fulldisclo$ 都不显著，与假设 H3 预期不一致。充分披露研发费用资本化与费用化政策的高新技术企业在高新技术企业资格存续期最后一年的费用操控程度等于变量 dum 与 $dum \times fulldisclo$ 的估计系数之和，进行联合检验发现两变量的估计系数之和并不显著，也没有证据表明充分披露公司在高新技术企业资格存续期最后一年前进行了显著向上的费用操控。

表 6 - 7　　　　　　　　　对假设 H3 的固定效应模型检验

变量	(1) ab_expen	(2) ab_expen
dum	0. 005 *** （4. 988）	0. 004 *** （4. 949）
$dum \times fulldisclo$	- 0. 003 （- 1. 247）	- 0. 003 （- 1. 203）
$size$		- 0. 005 *** （- 2. 963）
roa		0. 012 *** （4. 950）
$levy$		0. 010 *** （4. 608）
$asseturn$		0. 017 *** （6. 508）
mtb		0. 000 *** （2. 662）
$compens$		0. 005 *** （3. 635）

变量	(1) ab_expen	(2) ab_expen
big4		− 0. 006 (− 1. 523)
loss		− 0. 002 (− 1. 580)
常数项	0. 001 ** (2. 144)	0. 002 * (1. 716)
样本数	1 658	1 658

注：( ) 内为根据标准误计算的 t 值；*** 、** 、* 分别表示达到 1% 、5% 、10% 的显著性水平；表中连续型控制变量经过中心化处理；所有连续变量在 1% 水平上进行 winsorize 处理。

6.5.3 内生性检验

前面的结果可能存在着内生性问题；显著向上的异常费用可能不是基于避税动因造成的，而是其他不可观测的潜在因素影响的结果。因此，我们运用工具变量方法，运用固定效应模型 2SLS 方法进行检验，以控制不可观测因素的影响，检验结果如表 6 - 8 所示。本章的工具变量为 $dumyear2010$，哑变量 $dumyear2010$ 在 2010 年取值为 1，在其他年度取值为 0。

表 6 - 8　　　　　　　　对内生性问题的固定效应 2SLS 检验

变量	(1) ab_expen	(2) ab_expen	(3) ab_expen	(4) ab_expen	(5) ab_expen	(6) ab_expen
dum	0. 013 *** (9. 761)	0. 013 *** (9. 632)	0. 020 *** (10. 215)	0. 019 *** (10. 110)	0. 015 *** (9. 817)	0. 015 *** (9. 678)
size		− 0. 005 *** (− 3. 148)		− 0. 005 *** (− 2. 937)		− 0. 006 *** (− 3. 161)
roa		0. 012 *** (4. 879)		0. 012 *** (4. 762)		0. 012 *** (4. 909)

续表

变量	(1) ab_expen	(2) ab_expen	(3) ab_expen	(4) ab_expen	(5) ab_expen	(6) ab_expen
levy		0.008 *** (3.819)		0.008 *** (3.722)		0.008 *** (3.837)
asseturn		0.015 *** (5.757)		0.016 *** (6.137)		0.015 *** (5.653)
mtb		0.000 *** (3.024)		0.000 *** (2.768)		0.000 *** (3.068)
compens		0.005 *** (3.479)		0.004 *** (2.727)		0.005 *** (3.397)
big4		− 0.007 (− 1.566)		− 0.006 (− 1.343)		− 0.006 (− 1.450)
loss		− 0.003 ** (− 2.065)		− 0.003 ** (− 2.154)		− 0.003 * (− 1.918)
dum × state			− 0.020 *** (− 8.135)	− 0.019 *** (− 8.079)		
dum × full					− 0.014 *** (− 4.957)	− 0.013 *** (− 4.839)
常数项	− 0.001 ** (− 2.348)	0.001 (0.959)	− 0.001 * (− 1.947)	0.002 (1.117)	− 0.001 ** (− 2.309)	0.001 (0.852)
样本数	1 658	1 658	1 658	1 658	1 658	1 658

注：( ) 内为根据标准误计算的 t 值；*** 、** 、* 分别表示达到 1% 、5% 、10% 的显著性水平；表中连续型控制变量经过中心化处理；所有连续变量在 1% 水平上进行 winsorize 处理。

选择 dumyear2010 为工具变量的理由如下：由于在 2008 年科技部、财政部与国家税务总局联合发布了《高新技术企业认定管理办法》，新高新技术企业认定规则带来的税收优惠政策激励了大量企业参与了高新技术企业资格认定的申报，2008 年取得高新技术企业资格的样本过半，高新技术企业资格的存续期为 3 年。2008 年取得高新技术企业资格的过半样本在 2010 年会参加高新技术企业资格复审，与制度变迁有关的哑变量 dumyear2010 与表示高新技术企业复审时点的哑变量 dum 显著相关。同时，哑变量 dumyear2010 与

异常费用 *ab_expen* 不相关，这是因为异常费用是按照分年度行业回归的结果，已经控制了年度与行业效应。

6.5.4 敏感性检验

我们将高新技术企业样本根据复审后是否再次取得高新技术企业资格来划分为两个子样本。高新技术企业在复审后如果通过了复审，会再次取得高新技术企业资格；反之，失去高新技术企业资格。如果高新技术企业能理性预期自己后续能有较大概率再次取得高新技术企业资格，它会更有动机进行向上的费用操控；反之，如果高新技术企业预期自己后续只有较低概率或者没有机会再次取得高新技术企业资格，它会进行向上费用操控的动机会很弱。基于分析，我们预期后续再次取得高新技术企业资格的高新技术企业在其高新技术企业资格存续期的最后一年有显著向上的费用操控，表 6－9 列示的检验结果与预期一致。

表 6－9　　　　　　　　　　　　　敏感性检验

变量	固定效应模型			
	后续再次取得高新技术企业资格样本		后续没有取得高新技术企业资格样本	
	（1）	（2）	（3）	（4）
dum	0.005 *** (5.036)	0.004 *** (4.982)	0.000 （－0.004）	0.000 （－0.064）
size		－0.005 *** （－2.896）		0.005 （1.231）
roa		0.012 *** (4.386)		0.006 （1.480）
levy		0.010 *** (3.738)		0.009 *** (3.065)
asseturn		0.019 *** (6.550)		0.003 （0.744）
mtb		0.000 ** (2.495)		0.000 （1.174）

续表

变量	固定效应模型			
	后续再次取得高新技术企业资格样本		后续没有取得高新技术企业资格样本	
	(1)	(2)	(3)	(4)
compens		0.006 *** (4.152)		− 0.004 (− 1.418)
*big*4		− 0.006 (− 1.447)		0.000 (0.000)
loss		− 0.003 ** (− 2.099)		0.002 (0.670)
常数项	0.002 *** (4.550)	0.004 ** (2.457)	− 0.008 *** (− 9.610)	− 0.010 *** (− 3.876)
样本数	1 487	1 487	171	171

注：（ ）内为根据标准误计算的 t 值；*** 、** 、* 分别表示达到 1% 、5% 、10% 的显著性水平；表中连续型控制变量经过中心化处理；所有连续变量在 1% 水平上进行 winsorize 处理。

6.6　研究结论与启示

本章考察高新技术企业在复审过程中的费用操控行为。复审前企业的所得税税率为 15% ，复审后企业的期望税率不低于 15% 。在所得税税率有可能升高的情形下，如果基于节税动机，企业在所得税税率较低的复审前不会显著向上操控费用，因为这会减少复审前的应纳税所得。因此，如果高新技术企业在复审前一年进行了显著向上费用操控，只能用通过高新技术企业认定的动机来解释。

本书研究发现在高新技术企业资格复审前，在高新技术企业资格存续期最后一年企业有显著向上的费用操控；与国有控股公司相比，非国有控股公司在高新技术企业复审前一年有更强动机进行向上费用操控；没有充分证据表明未充分披露研发信息公司比充分信息披露公司有更强动机进行向上费用操控。这表明，制度（高新技术企业认定管理办法）、控制权性质都会影响企业的费用操控行为，但企业信息披露特征没有影响企业的费用操控行为。

研究结论为进一步理解中国相关制度与会计行为选择之间关系提供了经验证据，丰富了费用操控行为的研究结论。

针对高新技术企业复审过程中存在的费用操控问题，未来不仅应当加大对高新技术企业复审过程中的信息监督，还需要特别注重加强对高新技术企业复审执行过程的下列管理，以使有限科技创新资金切实落实到真实研发投入强度大的高新技术企业发展过程中。第一，需要加强对复审前费用项目的审计工作。强化执行研发费用专项审计，在年报审计中需要加强对复审前销售费用、管理费用以及研发费用具体项目的审计测试。也可以进一步要求上市公司向税务机关进行研发费用信息备案制度，留待税务机关后续核查。第二，严惩"伪高新技术企业"灰色利益链条上的造假者。对造假的处罚不能只是未来几年不得申请高新技术企业资格；对中介机构的处罚也不能只是未来几年内不得从事该类型专项审计。惩罚力度轻无法起到相应警示作用与震慑作用，应强化鉴证机构的审计责任，加大对造假公司的惩罚力度。

6.7 本章小结

本章以 2008 ~ 2015 年取得 A 股上市公司为研究对象，研究高新技术企业在复审过程中的费用操控行为。研究发现，高新技术企业在复审高新技术企业资格前一年有显著向上的操控费用；相对于国有控股公司，非国有控股公司有更强动机进行费用操控以通过高新技术企业资格复审；没有充分证据表明未充分披露研发信息公司比充分信息披露公司有更强动机进行向上费用操控。研究结论表明，制度（高新技术企业认定管理办法）与控制权性质都会影响企业的费用操控行为，但企业信息披露特征没有影响企业的费用操控行为。

第 7 章
高新技术企业认定中的会计
收入信息质量研究

7.1 引言

    2009 年 6 月审计署审计长向全国人大常委会提交审计报告，其中披露了高新技术企业审计情况；在审计署抽查的享受高新技术企业税收优惠的 116 户企业中有 85 户不符合高新技术企业条件，这些企业需补缴税款 36.31 亿元。若根据上述抽查比例推算到全国数万家高新技术企业，需要补缴的税款将是巨额数字。因此，高新技术企业的认定管理过程需要规范，尤其需要关注其中的会计信息质量，要仔细考察并思考如何治理某些高新技术企业在申报高新技术企业资格过程中的不规范会计行为；这对于具体深化中共十八届三中全会的"加快转变经济发展方式，加快建设创新型国家"的决定具有重要意义。

    由于高新技术企业认定管理办法主要以企业核心自主知识产权、科技成果转化收入能力、研发费用强度等具体指标作为认定指标，其中涉及的核心会计信息主要包括会计收入项目与研发费用项目，因此需要具体考察其中的会计收入信息质量问题以及研发费用信息质量问题。本章特别考察了高新技术企业认定过程中的会计收入信息质量问题，本章的创新之处主要体现在：

第一，从我国高新技术企业认定的情境展开研究，丰富了会计收入信息质量问题的经验研究成果，从微观层面刻画了高新技术企业首次认定过程中的会计收入信息质量问题。第二，对高新技术企业与非高新技术企业在认定中的会计收入质量问题从两个维度分别进行分析。首先，将取得高新技术企业资格的母公司与没有取得高新技术企业资格的母公司进行比较研究；其次，将被认定为高新技术企业的母公司与同一集团内没有被认定为高新技术企业的子公司进行比较研究，保证了研究结论的稳健性。

7.2　文献回顾与研究假设

7.2.1　文献回顾

公司管理层能通过操控收入项目来影响会计信息质量，有文献探讨了收入操控的手段、动机、影响因素与计量模型。关于对会计收入操控手段与动机的研究，葛家澍（2001）认为同收入确认有关的交易、事项非常复杂，会计收入确认与计量的时间准确与否是决定会计盈余信息质量的首要因素。过半 SEC 财务报告舞弊案是通过收入提前确认或虚构来提高利润（Feroz，1991）。普罗默和梅斯特（Plummer and Mest，2001）检验发现运用操控利润以超过分析师盈利预测门槛的公司会高估会计收入。马夸特和维德曼（Marquardt and Wiedman，2004）估计了各种盈余管理情境下的不同应计项目的未预期部分，发现有小幅度盈利增长的公司会利用非常损益项目，但不会高估收入项目；股权融资公司在融资前会高估收入项目以提高会计盈余；公司在进行管理层收购前会利用会计收入项目影响会计盈余。凯勒（Caylor，2009）发现微利公司的管理层会利用应计收入项目来操控利润。企业会通过销售操控手段促销以避免亏损（Jackson and Wilcox，2000；Roychowdhury，2006）。张子余和张天西（2011）研究了微利公司的"真实销售操控"行为与"激进的收入操控"行为。关于对会计收入操控计量模型的研究，斯塔本（Stubben，2010）构造了"非预期操控收入"模型来度量"激进的收入操控"。罗伊乔杜里（Roychowdhury，2006）构造了"异常经营现金流"模型来度量"真实销售操控"行为。关于对会计收入操控影响因素的研究，廖冠民和吴溪（2013）研究发现，在《中国注册会计师审计准则第 1141 号》生效前后，操控性收入均伴随着更高的财务舞弊概率。穆特卢（Mutlu，2013）发现分析师收入预测信息的发布会减少公司的可操控收入。综上所述，可以看出上述经验研究的共同特征是从盈余管理动机的视角出发并展开研究，可是现实世界的管理层还会出于其他动机进行会计收入项目的会计政策选择，因此，需要拓宽研究视野对会计收入信息质量问题进行研究。

7.2.2　研究假设

2008 年颁布的企业所得税法规定企业所得税的基本税率为 25%，但如果属于"国家需要重点扶持的高新技术企业"，则减按 15% 的税率征收企业所得税。2008 年科技部等联合出台了《高新技术企业认定管理办法》和《高新技术企业认定管理工作指引》，明确了高新技术企业的认定标准，使得高新技术企业税收优惠条款具有了可操作性。然而，高新技术企业资格带来的巨大利益让不少"伪高新技术企业"运用不实材料设法通过了高新技术企业认定。《高新技术企业认定管理办法》规定了高新技术企业认定必须满足六个条件，其中的第五个认定条件对会计收入项目进行了专门规定，要求"高新技术产品（服务）收入必须占企业当年总收入的 60% 以上"。在同年印发的《高新技术企业认定管理工作指引》中进一步明确"近一年高新技术产品（服务）收入占当年总收入比例在 60% 以上"；要求提交给认定机构"经中介机构鉴证的企业近一个会计年度高新技术产品（服务）收入专项审计报告"。在"高新技术企业认定申请书"与"高新技术企业认定专家组综合评价表"都明确列示了此栏目。因此，如果企业要通过高新技术企业的认定，必须满足"近一年高新技术产品（服务）收入占当年总收入比例在 60% 以上"的必要条件。申报高新技术企业的样本公司，当近一年高新技术产品（服务）收入占当年总收入比例较低时，现实可行的方法是采取"激进的收入操控"提高"近一年高新技术产品（服务）收入"。由于"高新技术产品（服务）收入"包括符合"国家重点支持的高新技术领域"要求的产品（服务）收入与技术性收入的总和；技术性收入主要包括技术转让收入、技术承包收入、技术服务收入与接受委托科研收入。因此，对这些项目进行操控的可行性较强，可能通过"激进收入确认"提高"近一年高新技术产品（服务）收入"。基于上述分析，提出假设：企业在取得高新技术企业资格前一年的"激进收入确认"程度会高于非高新技术企业。我们进一步将此假设细分为下面两个具体可检验的假设。

假设 H1：与没有取得高新技术企业资格的母公司相比，取得高新技术企业资格的母公司在认定前一年具有更高程度的"激进收入确认"。

假设 H2：与同一上市公司内的非高新技术子公司相比，取得高新技术企业资格的母公司在认定前一年具有更高程度的"激进收入确认"。

7.3　研究设计与数据来源

7.3.1　数据来源和变量计算

本章被认定为高新技术企业的上市公司样本来自巨潮资讯网，数据系手工收集并经过多重交叉复核。高新技术企业样本的认定有效期是从 2008 ~ 2010 年，即享受 2008 ~ 2010 年三年所得税税收优惠政策。资本市场的上市公司是由母公司与子公司组成的企业集团，共采集到有 102 家母公司被认定为高新技术企业，享受三年税收优惠政策；同时这 102 家母公司也有子公司被认定为高新技术企业，也享受三年税收优惠政策。还采集到有 293 家母公司被认定为高新技术企业，享受三年税收优惠政策；但这 293 家母公司的子公司都没有被认定为高新技术企业。合计资本市场有 395 家母公司被认定为高新技术企业，享受三年税收优惠政策。

"激进收入确认"程度 $accrecv\_res$ 的计算，数据来自锐思（RESSET）金融数据库的未调整合并报表与未调整母公司报表数据。当计算母公司的"激进收入确认"程度 $accrecv\_res$ 时，运用的是未调整母公司报表数据。当计算子公司的"激进收入确认"程度 $accrecv\_res$ 时，将合并报表与母公司报表数据进行差分作为子公司的数据。首先，根据斯塔本（Stubben，2010）分行业分年度进行 OLS 截面回归。模型为 $\Delta ar_{it}/asset_{it-1} = a + b1 \times \Delta rev1\_3_{it}/asset_{it-1} + b2 \times \Delta rev4_{it}/asset_{it-1} + \varepsilon_{it}$，其中，$\Delta ar_{it}$ 为当期应收账款净额减去上一期应收账款净额，$\Delta rev1\_3_{it}$ 为当期前三季度主营业务收入减去上一期前三季度主营业务收入，$\Delta rev4_{it}$ 为当期第四季度主营业务收入减去上一期第四季度主营业务收入，$asset_{it-1}$ 为第 $t-1$ 年年末总资产。残差项 ε_{it} 即"异常操纵应收账款"，以度量"激进收入确认"，用变量 $accrecv\_res$ 表示。

盈余管理程度 ab_acc 的计算，数据来自锐思（RESSET）金融数据库的未调整合并报表。首先用营业利润与经营活动现金流量净额差分计算总应计项目，再根据修正琼斯模型（Dechow et al.，1995）分年度分行业截面回归计算残差项，以度量上市公司的盈余管理程度 ab_acc。

"真实销售操控"程度 cfo_res 的计算，数据来源自锐思（RESSET）金融数据库的未调整合并报表。首先，根据罗伊乔杜里（Roychowdhury，2006）分行业分年度进行 OLS 截面回归。模型为 $cfo_{it}/asset_{it-1} = a + b1 \times (1/asset_{it-1}) + b2 \times (rev_{it}/asset_{it-1}) + b1 \times (\Delta rev_{it}/asset_{it-1}) + \varepsilon_{it}$。$rev_{it}$ 表示 i 公司第 t 年销售额，Δrev_{it} 表示 i 公司第 t 年销售变动额，即 i 公司第 t 年营业收入减去 i 公司第 $t-1$ 年营业收入。残差项 ε_{it} 即"异常经营活动现金净流量"，以度量"真实销售操控"，用变量 cfo_res 表示。

$rank$（$grossprofit$）的计算，数据来自锐思（RESSET）金融数据库的未调整合并报表。是对经过当年行业中值调整之后的销售利润率进行了五分位处理，得到 $rank$（$grossprofit$）。

哑变量 dum 的定义，当高新技术企业母公司在认定有效期（2008 年 1 月 1 日 ~ 2010 年 12 月 31 日）前一年即 2007 年 dum 取值 1，当年其他非高新技术企业母公司 dum 取值为 0。哑变量 dum_parent 的定义，当高新技术企业母公司在认定有效期（2008 年 1 月 1 日 ~ 2010 年 12 月 31 日）前一年即 2007 年 dum_parent 取值 1，当年同一集团内的非高新技术企业子公司取值为 0。

7.3.2　研究设计

根据假设 H1，将取得高新技术企业资格的母公司与没有取得高新技术企业资格的母公司的样本进行混合回归，构建模型（7-1），$accrecv\_res = f\ (dum, control)$。其中，当高新技术企业母公司在认定有效期（2008 年 1 月 1 日～2010 年 12 月 31 日）的前一年即 2007 年 dum 取值 1，在 2007 年其他非高新技术企业母公司 dum 取值为 0。与假设 H1 一致，模型预期 dum 的估计系数显著为正，与没有被认定为高新技术企业的母公司相比，取得高新技术企业资格的母公司在高新技术企业资格有效期前一年有更积极的"激进收入确认"行为。

根据假设 H2，将取得高新技术企业资格的母公司与没有取得高新技术企业资格的子公司的样本进行混合回归，构建模型（7-2），$accrecv\_res = f\ (dum\_parent, control)$。其中，当高新技术企业母公司在认定有效期（2008 年 1 月 1 日～2010 年 12 月 31 日）的前一年即 2007 年 dum_parent 取值 1，在 2007 年同一上市公司内的非高新技术子公司的 dum_paren 取值为 0。与假设 H2 一致，模型预期 dum_paren 的估计系数显著为正，与没有被认定为高新技术企业的同一上市公司内的子公司相比，被认定为高新技术企业的母公司在认定有效期前一年具有更高程度的"激进收入确认"。

为控制其他因素对"激进收入确认"的影响，模型（7-1）与模型（7-2）的控制变量包括，上市公司的应计盈余管理程度（ab_acc），预期其估计系数符号为正。这是由于上市公司是由母公司与子公司组成的企业集团，上市公司盈余管理动机会影响上市公司盈余管理的程度，并会进一步正向影响到其中母公司的"激进收入确认"行为。本章研究的并非"盈余管理动机"下的"激进收入确认"，因此需要加入控制变量盈余管理程度以剔去其可能影响。

模型（7-1）与模型（7-2）的控制变量还包括，上市公司的"真实销售操控"程度（cfo_res），预期其估计系数符号为负。这是由于"异常经营现金流"（cfo_res）数值越小，上市公司"真实销售操控"程度越大，同时母公司的"激进收入确认"程度越高。本章研究的是高新技术企业认定动机是否带来"激进收入确认"行为，因此需要控制"真实销售操控"行为以剔去其潜在影响。

模型（7-1）与模型（7-2）的控制变量还包括，上市公司的"销售毛利率在行业中所处的位置"，预期其估计系数符号为正。这是由于彼得森和拉詹（Petersen and Rajan，1997）与盖尔等（Callen et al.，2008）发现公司的销售毛利率在该行业内所处地位会影响企业的销售信用政策。本章研究的是高新技术企业认定动机是否带来"激进收入确认"行为，因此需要控制销售毛利率行业地位以剔去其可能影响。综上所述，模型构建如下：

$$accrecv\_res = a + b0 \times dum + b1 \times ab\_acc + b2 \times cfo\_res$$
$$+ b3 \times rank(grossprofit) \qquad (7-1)$$

$$accrecv\_res = a + b0 \times dum\_parent + b1 \times ab\_acc + b2 \times cfo\_res$$
$$+ b3 \times rank(grossprofit) \qquad (7-2)$$

7.4 实证检验与分析

7.4.1 检验结果与分析

表7-1列示了主要变量的相关系数，"激进收入确认"与"应计盈余管理"程度在1%显著性水平上正相关，意味着当上市公司的盈余管理程度较高时，母公司的"激进收入确认"程度也较高；上市公司的盈余管理动机能影响母公司的具体收入项目的会计政策选择。"激进收入确认"与"真实销售操控"程度在1%显著性水平上负相关，意味着整个上市公司的"真实销售操控"程度较高时，母公司的"激进收入确认"程度也较高，两者具有方向上的一致性，都能提高会计收入与盈余项目数字。"激进收入确认"与"公司毛利率所处的行业位置"程度在5%显著性水平上正相关，意味着上市公司的毛利率在同行业中更高，"激进收入确认"程度更高。

表7-1　　　　　　　　　　主要变量相关系数检验

变量	$accrecv\_res$	ab_acc	cfo_res	$rank(grossprofit)$
$accrecv\_res$	1			
ab_acc	0.206 ***	1		
cfo_res	− 0.160 ***	− 0.475 ***	1	
$rank(grossprofit)$	0.076 **	0.092 ***	0.163 ***	1

注：*** 、** 、* 分别表示达到1%、5%、10%的显著性水平。

从高新技术企业认定前后的"激进收入确认"accrecv_res 均值变化的图 7-1 可以看出，在 2007 年，即认定有效期的前一年，"激进收入确认"的均值最高（约为 0.0064）。在 2008 年，即认定有效期的第一年，"激进收入确认"的均值降低幅度很大，accrecv_res 均值大约为 2007 年的一半（约为 0.003），这可能是由于 2007 年会计收入项目管理在 2008 年的回转作用造成的结果。到 2009 年，"激进收入确认"的均值回复到 0.004 左右。总之，高新技术企业在认定前的 2007 年的"激进收入确认"程度最高。

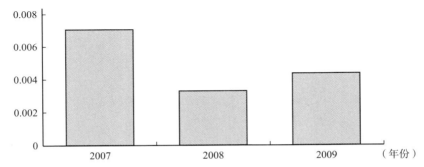

图 7-1　高新技术企业在认定前后的"激进操控收入"的均值变化

注：纵坐标是高新技术企业在 2007~2009 年"激进收入操控"的均值。

从两类公司"激进收入操控"的均值检验表 7-2 可以看出，在 2007 年，被认定为高新技术企业的母公司的"激进收入操控"的均值约为 0.006，与图 7-1 一致。另外，836 家没有被认定为高新技术企业的母公司的"激进收入操控"的均值约为 -0.002，意味着前者采取更为激进的会计收入确认方式。

表 7-2　　　　　　　两类公司"激进收入操控"的均值检验

项目	样本数	均值	均值 t 检验
没有被认定为高新技术企业的母公司	839	-0.002	均值差异 = -0.008
被认定为高新技术企业的母公司	252	0.006	Pr(T < t) = 0.003

表 7-3 把被认定为高新技术企业的母公司与没有被认定为高新技术企业

的母公司样本混合在一起进行回归。列（1）将 accrecv_res 对哑变量 dum 进行回归，结果表明：与没有被认定为高新技术企业的母公司相比，被认定为高新技术企业的母公司在认定前的 2007 年的"激进收入确认"程度平均高0.008，与表 7 - 2 结果一致。列（2）将 accrecv_res 对哑变量 dum、应计盈余管理与"真实销售操控"进行回归，结果表明：在控制了两类盈余管理行为后，与没有被认定为高新技术企业的母公司相比，被认定为高新技术企业的母公司在认定前的 2007 年的"激进收入确认"程度仍然平均高0.008，与表 7 - 2 结果一致。列（3）进一步添加了控制变量"公司毛利率所处的行业位置"rank(grossprofit)，与没有被认定为高新技术企业的母公司相比，被认定为高新技术企业的母公司在认定前的 2007 年的"激进收入确认"程度仍然平均高 0.007。表 7 - 3 中三列的结果都与假设 H1 预期一致。控制变量应计盈余管理的估计系数在 1% 水平上显著为正，"真实销售操控"的估计系数显著为负，控制变量"公司毛利率所处的行业位置"的估计系数在 5% 水平上显著为负，符号方向都与预期一致。

表 7 - 3   对假设 H1 的回归检验

变量	(1) 模型（7 - 1）	(2) 模型（7 - 1）	(3) 模型（7 - 1）
dum	0.008 ** （ - 2.415）	0.008 ** （ - 2.38）	0.007 ** （ - 2.198）
ab_acc		0.057 *** （ - 4.332）	0.051 *** （ - 3.911）
cfo_res		- 0.033 ** （ - 2.275）	- 0.040 *** （ - 2.620）
rank(grossprofit)			0.002 ** （ - 2.323）
常数项	- 0.002 （ - 1.417）	- 0.002 （ - 1.345）	- 0.008 ** （ - 2.470）
样本数	1 091	1 090	1 088

续表

变量	（1） 模型（7-1）	（2） 模型（7-1）	（3） 模型（7-1）
R^2	0.007	0.054	0.058
Adj. R^2	0.006	0.051	0.055
F	5.832	12.374	9.204

注：（）内为根据标准误计算的 t 值；***、**、* 分别表示达到 1%、5%、10% 的显著性水平；表中连续型控制变量经过中心化处理；所有连续变量在 1% 水平上进行 winsorize 处理。

表 7-4 把被认定为高新技术企业的母公司与同一集团内没有被认定为高新技术企业的子公司样本混合在一起进行回归。列（1）将 *accrecv_res* 对哑变量 *dum* 进行回归，结果表明：与没有被认定为高新技术企业的子公司相比，被认定为高新技术企业的母公司在认定前的 2007 年的"激进收入确认"程度平均高 0.076。列（2）将 *accrecv_res* 对哑变量 *dum*、应计盈余管理与"真实销售操控"进行回归，结果表明：在控制了两类盈余管理行为后，与没有被认定为高新技术企业的子公司相比，被认定为高新技术企业的母公司在认定前的 2007 年的"激进收入确认"程度仍然平均高 0.076。列（3）进一步添加了控制变量"公司毛利率所处的行业位置"*rank*（*grossprofit*），与没有被认定为高新技术企业的子公司相比，被认定为高新技术企业的母公司在认定前的 2007 年的"激进收入确认"程度仍然平均高 0.076。表 7-4 中三列的结果都与假设 H2 预期一致。

表 7-4	对假设 **H2** 的回归检验		
变量	（1） 模型（7-2）	（2） 模型（7-2）	（3） 模型（7-2）
dum_parent	0.076 ** （-2.124）	0.076 ** （-2.139）	0.076 ** （-2.141）
ab_acc		0.446 （-1.586）	0.377 （-1.352）

续表

变量	(1) 模型（7-2）	(2) 模型（7-2）	(3) 模型（7-2）
cfo_res		-0.221 (-0.977)	-0.314 (-1.288)
$rank(grossprofit)$			0.014 (-1.284)
常数项	-0.067^* (-1.879)	-0.069^* (-1.959)	-0.109^{**} (-2.086)
样本数	335	335	335
R^2	0.013	0.034	0.037
Adj. R^2	0.01	0.026	0.025
F	4.51	2.813	2.293

注：（）内为根据标准误计算的 t 值；***、**、* 分别表示达到1%、5%、10%的显著性水平；表中连续型控制变量经过中心化处理；所有连续变量在1%水平上进行 winsorize 处理。

7.4.2　稳健性检验

为保证结论的稳健性，我们采用了模型（7-2）对"激进收入确认"程度 $accrecv\_res$ 进行了计算，该模型根据斯塔本（Stubben，2010）的信用政策模型分行业分年度进行 OLS 截面回归。

$$\Delta ar_{it} = f(\Delta rev,\ \Delta rev \times size,\ \Delta rev \times age,\ \Delta rev \times age \times age,$$

$$\Delta rev \times grr\_p,\ \Delta rev \times grr\_n,\ \Delta rev \times grm,\ \Delta rev \times grm \times grm)$$

Δar_{it} 为当期应收账款净额减去上一期应收账款净额，并除以总资产以平减规模效应。Δrev 表示 i 公司第 t 年销售变动额，即 i 公司第 t 年营业收入减去 i 公司第 $t-1$ 年营业收入，并除以总资产以平减规模效应。$size$ 是资产规模，对总资产取自然对数。age 是公司设立到当年的年龄。grr_p 是经过年度行业中值调整过的销售增长率的正值部分，当值大于 0 时等于原值，当值小于 0 时取值为 0。grr_n 是经过年度行业中值调整过的销售增长率的负值部分，当值小于 0 时等于原值，当值大于 0 时取值为 0。grm 是经过行业中值调整过的销售毛利率。模型的残差项 ε_{it} 即"异常操纵应收账款",以度量"激进收入确认",用变量 *accrecv_res*2 表示。我们用变量 *accrecv_res*2 又重复了图 7－1,以及表 7－1～表 7－4 的检验,结论仍然保持不变,图表不再赘述。

7.5　研究结论与启示

本章从高新技术企业的认定动机出发来考察高新技术企业的会计收入信息质量,发现母公司在取得高新技术企业资格前一年有显著向上的"激进收入确认"。母公司在取得高新技术企业资格前一年的"激进收入确认"程度高于其他没有高新技术企业资格的母公司。相对于同一集团内的非高新技术子公司,同一集团内取得高新技术企业资格的母公司有显著向上的"激进收入确认"行为。本章的研究拓宽了收入项目管理动机研究的视野,为加强高新技术企业首次认定管理过程中的会计收入信息质量治理提供了经验证据。

7.6　本章小结

本章对高新技术企业认定管理过程中的会计收入信息质量进行研究,发现了高新技术企业在认定前一年有激进的会计收入确认行为。以认定税收优惠有效期是从 2008～2010 年的 395 家高新技术企业样本为研究对象进行研究发现,无论是与没有被认定为高新技术企业的母公司相比,还是与没有被认定为高新技术企业的同一集团内的子公司相比,被认定为高新技术企业的母公司在认定前一年都有更为激进的收入确认行为。值得提醒的是,尽管我们怀疑"近一年高新技术产品(服务)收入"的可靠性,但是鉴于我们无法直接取得"近一年高新技术产品(服务)收入"及其替代变量。因此,对本章的实证研究结论应谨慎解读,对高新技术企业认定过程中收入信息质量问题仍然需要进一步深入考察。

第 8 章
高新技术企业复审、会计操控行为与企业资源配置

8.1　引言

高新技术企业认定制度给予获得高新技术企业资格的企业所得税税收优惠，通常企业的所得税税率为25%，而高新技术企业的所得税税率为15%。换言之，如果保持其他因素不变，享有高新技术企业资格的企业相对于没有获得高新技术企业资格的同一企业，其净利润至少提高了13.33%（85%/75%）。通过高新技术企业认定的企业在存续期间能够享受三年的税收优惠，如果期望三年优惠结束后继续享受下一个三年的税收优惠政策，还需要参加再次的高新技术企业资格认定（简称复审）。

高新技术企业税收优惠政策的目的是加强对高新技术企业的研发补贴以解决研发投入不足的问题，实现扶持高科技产业发展的政策目标。塔西（Tassey，2004）认为研发活动具有的复杂性、时效性以及外部性都能导致研发投入不足，需要通过研发补贴予以纠正。然而，产业政策无效观反对实行产业政策，认为高新技术产业政策由于实施困难，在实践过程中未必能推动技术创新。产业政策是否有效的论点之争需要研究者通过经验研究来提供证据，但迄今仍然缺乏关于我国高新技术企业政策有效性的微观层面经验证据。

本章研究样本为连续通过两次认定并享受所得税优惠的企业。取得高新技术企业资格的企业与政府发生了两次博弈的过程——初次参加高新技术企业认定与参加复审认定。初次参加认定与复审参加认定的企业对所得税的税率预期完全不同。初次参加认定的企业预期是从税率 25% 变更到可能的低税率 15% （如果通过认定），而再次参加认定的企业的预期是从正在享受的低税率 15% 变更到可能的高税率 25% （如果没有通过复审）。

根据税收筹划的原理，当企业预期从所得税的高税率 $H\%$ 变更到预期的低税率 $L\%$ 时，它可以选择通过应计会计操控或者真实操控的手段，提高认定前的各项费用金额 A，企业的期望节税收益为 $A \times (H\% - L\%)$。反之，当企业预期是从所得税的低税率 $L\%$ 变更到预期的高税率 $H\%$ 时，它可以通过应计会计操控或者真实操控的手段，向下削减复审前的各项费用金额 A，企业的期望节税收益为 $A \times (H\% - L\%)$。

根据税收筹划的原理，向下削减高新技术企业复审前的各项费用金额可以节税。本书研究却发现高新技术企业在复审取得高新技术企业资格前一年没有向下操控费用，反而向上操控研发强度。与税收筹划的基本原理预期完全不一致；为此我们对此会计操控行为背后的动因及其经济后果进行研究。本书考察了企业在复审过程中的会计行为选择动机，并考察该行为对企业后续资源配置行为的影响。

本书的理论贡献首先在于，丰富了政府契约如何影响企业会计行为的研究文献，将会计行为选择的动机研究拓展到新兴市场的高新技术企业资格认定制度的契约视角。本书的研究结论有助于理解我国数以万计高新技术企业在高新技术企业资格认定过程中的会计行为选择。传统研究大多关注北美市场，少有研究关注我国重要的高新技术企业认定制度契约所引发的会计行为选择问题，高新技术企业认定制度契约不仅会影响到上市的高新技术企业，还会影响到诸多非上市的高新技术企业，其中包括规模较大的跨国非上市高新技术企业，例如，华为公司，还包括诸多规模较小的初创高新技术企业。

其次，本书探讨了我国的高新技术企业政策能否真正推动技术创新，提供了我国高新技术企业政策能够有效推动企业创新的微观层面经验证据。罗德里克（Rodrik，2009）认为推动中国与其他国家成功高增长的原因是这些国家制定了能够克服市场障碍的政策，研究应当关注产业政策是如何被执行的。本书研究表明我国高新技术企业政策能够促进企业创新，从微观层面仔细分析我国的高新技术企业政策是如何被执行的，提供了高新技术企业政策如何影响企业内部资源配置的微观层面经验证据，暗示着高新技术企业认定前的逆向选择问题并不严重。

最后，本书还揭示了高新技术企业认定过程中会计选择行为的经济后果，研究发现了复审前的会计操控行为没有显著影响复审后企业的技术创新行为，表明高新技术企业认定后的道德风险行为并不显著。这意味着即使会计信息容易被操控，但是我国的高新技术企业制度整体上仍然能够降低高新技术企业认定后的道德风险行为。这给现实带来的启示是，在高新技术企业认定门槛设计中需要包括其他不容易操控的非会计信息，竞争性的研发补贴且重复博弈的制度设计，能够显著降低高新技术企业认定后道德风险行为发生的概率。

8.2　会计信息在高新技术企业资格认定制度契约中的作用

《高新技术企业认定管理办法》（国科发火〔2008〕172 号）第十条列出了高新技术企业认定须同时满足六个条件（见本书附录1）。第一条要求有核心自主知识产权；第二条要求产品（服务）属于《国家重点支持的高新技术领域》规定的范围；第三条对企业科技人员和研究开发人员的比例提出要求；第四条对企业的研发强度提出要求；第五条对高新技术产品（服务）收入占总收入比例提出要求；第六条指出企业研究开发组织管理水平、科技成果转化能力、自主知识产权数量、销售与总资产成长性等指标需要符合《高新技术企业认定管理工作指引》的要求。

其中，《高新技术企业认定管理办法》的第四条运用会计数字对企业研发强度进行了强制规定。近三个会计年度的研究开发费用总额占销售收入总额的比例符合如下要求：第一，最近一年销售收入小于 5 000 万元的企业，比例不低于6%；第二，最近一年销售收入在 5 000 万 ~ 20 000 万元的企业，比例不低于4%；第三，最近一年销售收入在 20 000 万元以上的企业，比例不低于 3% 。第五条的要求是高新技术产品（服务）收入占企业当年总收入的 60% 以上，这里的高新技术产品（服务）收入是企业内部的会计信息，对外公开披露的年度报告中没有披露该信息。

为具体说明其他条款与解释第六条，后续的《高新技术企业认定管理工作指引》对第六条中的企业研究开发组织管理水平、科技成果转化能力、自主知识产权数量、销售与总资产成长性这四项指标进行了细化要求（见本书附录 2）。其中"企业研究开发组织管理水平、科技成果转化能力、自主知识产权数量"三项非会计指标赋值 80 分，"成长性"会计指标赋值 20 分。这四项指标赋值共 100 分，采取加权计分方式，申报高新技术企业资格企业的总分须达到 70 分以上即可（不含 70 分）。由此可知，即使成长性会计指标得分为 0，申报企业的前三项非会计指标的得分也可能超过 70 分，满足申报条件。

《高新技术企业认定管理工作指引》中的"成长性"会计指标包括总资产增长率与销售增长率这两个会计变量，需要运用会计数字计算，以反映了企业经营绩效的总资产增长率和销售增长率的评价（各赋值 10 分）。具体计算两个比率的方法如下（见本书附录 2）：总资产增长率 = 1/2 ×（第二年总资产额 ÷ 第一年总资产额 + 第三年总资产额 ÷ 第二年总资产额）− 1。销售增长率 = 1/2 ×（第二年销售额 ÷ 第一年销售额 + 第三年销售额 ÷ 第二年销售额）− 1。

综上可知，高新技术企业认定过程中必须满足的会计指标是研发强度，如果企业不满足该指标的要求，则不满足高新技术企业申报的基本要求。而总资产增长率与销售增长率这两个会计指标没有强制要求，不是必须达到确定门槛的指标，成长性指标即使得分为 0，也可能满足申报要求。

8.3 研究假设

8.3.1 高新技术企业认定的政府契约对公司会计行为的影响

企业如果申报高新技术企业资格，要计算研发强度会计指标，还需要达到研发强度指标的门槛值。"研发强度"等于"近三个会计年度的研究开发费用总额"除以"近三个会计年度的销售收入总额"。对于最近一年销售收入小于 5 000 万元的企业，研发强度不能低于 6%；对于最近一年销售收入在 5 000 万元至 2 亿元的企业，研发强度不能低于 4%；对于最近一年销售收入在 2 亿元以上的企业，研发强度不能低于 3%。

逻辑上存在通过操控营业收入来操控研发强度门槛值的方法。当公司近一年销售收入原本低于但接近 5 000 万元时，该企业有可能通过向上虚增收入，使其收入稍微超过 5 000 万元，这时企业研发强度的门槛值从 6% 降低为 4%。当公司近一年销售收入原本低于但接近 2 亿元时，该企业有可能通过向上虚增收入，使其收入稍稍超过 2 亿元，这时企业研发强度的门槛值从 4% 降低为 3%。然而，本书中上市高新技术企业的营业收入额原本都较大，参加复审的绝大多数企业的营业收入都大于 2 亿元，没有任何公司的营业收入大于门槛值 5 000 万元且小于 5 500 万元。仅有 5 家公司的营业收入大于门槛值 2 亿元且小于 2.2 亿元。显然，对数百家参加高新技术企业复审的上市企业而言，这不可能是主要的会计指标操控方式。

下面直接分析企业是否会直接向上操控研发强度指标。当企业正常的研发强度大于门槛值时，无须向上操控研发强度指标。然而，当企业的研发投入不足，正常研发强度会计指标低于门槛值时，需要向上操控研发强度指标以超过门槛值。有些行业的研发投入自然较高，如医药行业；但另外一些行业的研发投入相对较低，研发活动的复杂性、时效性与外部性都会导致企业研发投入不足（Tassey，2004），例如，美国的能源科技行业公司的研发强度非常低（Margolis and Kammen，1999）。

会计操控行为通常呈现出回转的特征，基于当期的某一动机企业在 t 期显著向上操控会计项目时，随后的 $t+1$ 期通常会呈现出回转现象。如果没有会计操控行为，通常大样本的会计数据会呈现出随机波动而非异常回转特征。以往应计盈余管理的研究设计大多是根据会计回转特征，有较多文献对会计应计项目操控的回转行为进行了研究（Hunt et al.，1996；Defond et al.，2001；Moehrle，2002；Baber et al.，2011；Dechow et al.，2012；Allen et al.，2013）。即使是对于真实活动的会计操控行为，会计数据也会呈现出回转的特征（Roychowdhury，2006），例如，微利企业会基于盈余管理动机倾向于向下削减费用，随后期间会发生回转。

因此，我们预期在其他条件不变的情况下，对于研发支出不足的企业，在取得高新技术企业资格的前一年会倾向于显著向上操控研发强度会计指标，在随后的下一年度会呈现出指标回转现象。

与此同时，我们选择销售强度会计指标（销售费用/销售收入）作为研发强度会计指标的对照，企业是否会在复审前一年显著向上操控销售强度呢？首先，高新技术企业认定制度没有对高新技术企业申报者的销售强度指标作出任何规定。其次，从税收筹划角度分析，参加复审企业的预期是从正在享受的低税率 15% 变更到有可能的高税率 25%（如果没有通过复审），将利润转移到税率低的复审前一年对企业有利，没有任何证据能推断高新技术企业在复审前一年会显著提高销售强度会计指标。由此我们提出下列假设：

假设 H1：在其他条件不变的情况下，企业在通过复审取得高新技术企业资格的前一年，会倾向于显著向上操控研发强度，但不会向上操控销售强度会计指标。

8.3.2 高新技术企业复审前后的研发活动及企业价值的动态变化

下面的假设 H2 考察高新技术企业通过复审得到税收补贴后，后续是否会加大了技术创新并影响企业价值。我们还将企业的投资行为作为技术开发行为的对照，考察后续企业的投资行为是否发生了显著变化。

在认定过程中，不仅需要通过会计信息的门槛，还需要企业提供其他不容易操控的非会计指标。例如，第一条中需要企业提供"核心自主知识产权"。《高新技术企业认定管理办法》规定的核心自主知识产权包括：发明、实用新型及非简单改变产品图案和形状的外观设计、软件著作权、集成电路布图设计专有权、植物新品种。相对于会计信息，取得这些核心自主知识产权显然需要企业较长时间的真实投入。

高新技术企业认定的竞争性评审机制能够推动企业的真实投入。高新技术企业认定制度在设计上是选择性的研发补助，候选企业之间存在竞争关系。例如，A、B 两企业都满足高新技术企业申报条件，究竟是哪个企业通过评审还需要通过专家的评审才能获得高新技术企业资格。专家会对企业提供的材

117

料进行评比。例如，关于企业核心自主知识产权方面，不同的企业提交了发明专利、实用新型专利或外观专利，其中，发明专利的保护时间为 20 年，实用新型专利或外观专利的保护时间为 10 年。专家在评审过程中，通常对不同类型的专利赋予的权重会有所不同。这种竞争性的专家评审制度会推动企业加大真实的研发活动。

重复博弈的制度设计能够推动企业真实的研发活动。高新技术企业认定制度在设计上是重复博弈，即使通过了认定也只能享受三年优惠政策，三年后能否通过高新技术企业认定不得而知；如果想继续享受税收优惠政策，需要再次参加认定。因此，如果期望未来继续能享受税收优惠政策，在享受税收优惠的三年期间，高新技术企业会加大技术创新，增强下次高新技术企业认定通过的概率。

此外，我们讨论高新技术企业复审对后续企业价值的影响。如果企业通过复审后没有加强技术研发，缺乏技术驱动很难提高企业价值。反之，如果企业复审后积极加强技术研究活动，我们认为也不一定能推动企业价值成长。因为此时有几个因素会制约技术水平转化为企业价值成长：一是技术开发转化为产品产能存在滞后性，以及产品产能转化为市场份额也存在滞后性；二是科技成果缺乏成熟性或创新性不足，导致科技成果较难转化为现实的生产力。由此我们提出下列假设：

假设 H2：在其他条件不变的情况下，对于通过复审的高新技术企业而言，再次获得高新技术企业资格能（或不能）显著推动其研发行为，能（或不能）显著提高其企业价值。

8.3.3 高新技术企业复审前的会计操控行为对复审后研发行为的影响

高新技术企业认定中设置研发强度门槛是为了将已经具有研发能力的企业甄别出来，以税收优惠的形式支持其发展。经济学文献讨论过信息不对称条件下了劳动力市场的甄别问题（Akerlof，1970；Spence，1970；Arrow，1973；Stiglitz，1975），下面运用信息不对称条件下的分析方法进行考察。

为解决信息不对称条件下的信号甄别问题，高新技术企业制度设计者期望通过会计指标与非会计指标这两类过滤器的联合作用将研发能力较好的企业甄别出来。高新技术企业制度设计者不仅设置了会计信息过滤器（如研发强度指标），还设置了非会计信息过滤器（如核心自主知识产权中的专利发明等项目），意图将研发能力不足的企业排除出去，将研发能力较好的企业识别出来。如果其他非会计信息"过滤器"的识别能将研发能力不足的企业排除出去，即使复审前的会计识别无效也不会造成第二类错误，高新技术企业制度甄别出的企业研发能力都比较强。当上述条件成立时，可以预期在其他条件不变的情况下，高新技术企业复审前的会计操控行为不会对复审后的研发行为与企业价值成长有显著影响。

相反地，如果复审前高新技术企业通过会计操控行为通过了研发强度指标门槛的会计识别，与此同时，其他非会计信息"过滤器"也不能帮助识别研发能力较强的企业；此时通过高新技术企业复审的企业中可能就包含着研发能力明显不足的企业，此时发生了"以假为真"的第二类错误。通过复审的研发能力不足的企业可能在复审后的研发表现相对较差，此时高新技术企业认定后的道德风险问题较严重。由此我们提出下列假设：

假设 H3：在其他条件不变的情况下，高新技术企业复审前的会计操控行为对复审后的研发行为与企业价值有（或没有）显著影响。

8.4 研究设计

8.4.1 数据来源与样本选择

上市企业母公司取得高新技术企业资格时间是通过阅读高新技术企业认定公告来确定，高新技术企业认定公告来自巨潮资讯网。变量"研发支出"与"发明专利"数据来自中国研究数据服务平台（CNRDS）数据库，其他变量数据均来自国泰安（CSMAR）财务数据库，公司层面财务数据均来自母公司报表。我们保留公司层面基本财务数据无缺失值的公司为研究样本，样本分布如表 8 - 1 所示。

表 8 – 1   样本分布   单位：家

年份	取得高新技术企业资格时间						
	$t-3$（税率25%）	$t-2$（税率15%）	$t-1$（税率15%）	$t-0$（税率15%）	$t+1$（税率15%）	$t+2$（税率15%）	$t+3$（税率15%）
2007	186	0	0	0	0	0	0
2008	42	220	0	0	0	0	0
2009	10	44	219	0	0	0	0
2010	15	19	45	210	0	0	0
2011	11	19	20	45	218	0	0
2012	0	10	20	20	47	218	0
2013	0	0	10	20	20	45	218
2014	0	0	0	9	20	18	46
2015	0	0	0	0	10	19	19
2016	0	0	0	0	0	0	8	18
2017	0	0	0	0	0	0	8
合计	264	312	314	304	315	308	309

研究样本时间跨度是从 2007 ~ 2017 年，研究样本是从 2007 ~ 2017 年上市公司母公司连续取得六年高新技术企业资格的公司。研究上市公司母公司的好处是能够清晰确定公母司取得高新技术企业资格的时间；研究样本不包括上市公司子公司为高新技术企业的样本是因为不少上市公司的子公司众多，同一上市公司的不同子公司取得高新技术企业资格的时间往往不一致，且无法直接取得子公司的基本会计数据。此外，上市公司不仅提供了合并报表数据，还提供了母公司报表数据；如果上市公司集团内部其他子公司并不一定是高新技术企业，运用合并报表数据会对研究结论产生影响。

    $t-3$ 年为企业取得高新技术企业资格前一年，享受的所得税税率是 25%。$t-2$ 年、$t-1$ 年与 $t-0$ 年这三年是享受高新技术企业税收优惠的第一个三年，税率为 15%。$t+1$ 年、$t+2$ 年与 $t+3$ 年这三年是享受高新技术企业税收优惠的第二个三年期间，税率仍然为 15%，$t-0$ 年即为高新技术企业复审取得高新技术企业资格前一年。哑变量 *dum_recog* 在 $t-0$ 年取值为 1，$t+1$

年取值为 0，根据假设 H1，预期哑变量 dum_recog 的系数显著为正。

表 8 - 1 中显示 2008 年首次取得高新技术企业资格的上市公司母公司样本有 220 家，2009 年有 44 家，2010 年有 19 家，2011 年有 19 家，2012 年有 10 家。2008 年首次取得高新技术企业的上市公司母公司大约占总样本的 70%，这是高新技术企业认定制度变迁的结果，2008 年科技部、财政部与国家税务总局联合发布了新的《高新技术企业认定管理办法》，如果取得高新技术企业资格则执行 15% 所得税税率。新高新技术企业认定制度及税收优惠政策激励大量企业参与首次高新技术企业资格认定的申报，使得 2008 年取得高新技术企业资格的样本数量过半。

8.4.2 研究设计

8.4.2.1 假设 H1 的研究设计

为检验假设 H1 构建模型（8 - 1）如下，模型（8 - 1）中被解释变量是表示研发强度的代理变量 R&D_revenue 以及表示销售强度的代理变量 salesexpen_revenue。解释变量是 dum_recog，复审取得高新技术企业资格前一年取值为 1，复审取得高新技术企业资格当年取值为 0。根据假设 H1 的预期，当被解释变量是研发强度 R&D_revenue 时，预计 dum_recog 的系数显著大于 0；当被解释变量是销售强度 salesexpen_revenue 时，预计 dum_recog 的系数不会显著大于 0。

$$Y_{i,t} = a + \beta \times dum\_recog + \gamma control + \mu_i + \varepsilon \qquad (8-1)$$

模型（8 - 1）中，dum_recog 不是外生变量而是内生变量，因为企业是否通过复审和企业研发强度都与高新技术企业制度直接相关。内生性问题会导致 dum_recog 的回归估计系数有偏，我们采用 2SLS 回归方法以应对内生性问题，第一阶段回归中的工具变量是 year2011，rank_assetgrow，lagrank_assetgrow。

工具变量 rank_assetgrow，lagrank_assetgrow 度量了资产成长性，根据本书附录 2 资产成长性指标是在高新技术企业认定中需要被考量到的会计指标，它虽然不是必须通过门槛值，但该指标得分能够影响企业通过高新技术企业复审的概率。同时，资产成长性指标与研发强度指标之间无关，提高资产成长性指标最简单直接的方法是增加负债；而改变研发强度则要改变研发支出或销售收入。

工具变量 *year*2011 是 2011 年取值为 1，其余年度取值为 0 的哑变量。选择 *year*2011 为工具变量的理由如下：由于在 2008 年科技部、财政部与国家税务总局联合发布了新的《高新技术企业认定管理办法》，新高新技术企业认定规则带来的税收优惠政策激励了大量企业参与了高新技术企业资格认定的申报，2008 年取得高新技术企业资格的样本占比 70%，这些企业要参加 2010 年复审，哑变量 *dum_recog* 在 2010 年取值为 1，在 2011 年取值为 0，因此工具变量 *year*2011 与哑变量 *dum_recog* 负相关。同时，工具变量 *year*2011 与研发强度不相关，这是因为研发强度已进行分年度分行业中心化处理，已经控制了年度效应与行业效应。

8.4.2.2 假设 H2 的研究设计

为检验高新技术企业复审前后的企业研发行为与企业价值的动态变化，我们运用 CEM 匹配 + DID 的方法进行检验。在匹配方法的选择上，我们采用 CEM（coarsened exact matching）匹配方法（Iacus et al.，2012）。本书没有采用 PSM 方法配对是因为运用 PSM 匹配后很难通过协变量平衡性检验。

本书中 CEM 匹配方法的具体操作如下：首先将 $t-3$ 期的 264 家高新技术企业作为原始配对前样本，这是因为高新技术企业在 $t-3$ 期是取得高新技术企业资格前一年，还没有享受高新技术企业的税率 15% 的所得税优惠政策。我们运用 CEM 方法进行一一配对，根据年度、行业与资产规模三个变量，以 k2k 解决方案为每一家高新技术企业寻找非高新技术企业进行配对。成功配对了 258 家，有 6 家高新技术企业没有完成配对。

然后，将这 258 家高新技术企业与 258 家非高新技术企业从 $t-3$ 年向前追踪到 $t+3$ 年并混合，进行 DID 检验。为检验假设 H2 构建模型（8-2）如下，模型（8-2）中被解释变量是表示研发行为的代理变量 $\ln(patent+1)$ 与 $\ln(patent2+1)$，以及表示企业价值成长性的代理变量 $\ln(1+tobinqa)$ 与 $growth$，解释变量是交乘项 $d_{i\_\tau} \times ht$ 与 $d_{i\tau} \times ht$。ht 是哑变量，高新技术企业从 $t-3$ 到 $t+3$ 年取值为 1，根据 CEM 匹配的非高新技术企业从 $t-3$ 年到

$t+3$ 年的 ht 取值为 0。d_{i_τ} 是哑变量，当公司 i 在 $t-\tau$ 年哑变量 d_{i_τ} 的取值为 1，否则为 $0(\tau=0,1,2,3)$。$d_i\tau$ 是哑变量，当公司 i 在 $t+\tau$ 年哑变量 $d_i\tau$ 取值为 1，否则为 $0(\tau=1,2,3)$。

$$y_{i,t} = a + \sum_{\tau=0}^{3}\theta_{-\tau}d_{i\_\tau} + \sum_{\tau=1}^{3}\theta_{+\tau}d_i\tau + \sum_{\tau=1}^{3}\alpha_{-\tau}(d_{i\_\tau}\times ht) + \sum_{\tau=1}^{3}\beta_{+\tau}(d_i\tau\times ht)$$
$$+ \gamma control + \mu_i + \nu_t + \varepsilon \qquad (8-2)$$

8.4.2.3 假设 H3 的研究设计

为检验假设 H3，高新技术企业在复审前的会计操控行为是否会对高新技术企业复审后的研发行为及企业价值产生影响。我们根据变量 $adminexpen\_revenue$（等于当期管理费用比当期营业收入）将高新技术企业样本一分为二，如果公司在 $t-0$ 期该变量的值同时高于相邻的 $t-1$ 期和 $t+1$ 期，则定义该公司哑变量 sus 取值为 1，表示有向上研发强度操控嫌疑；否则，界定该公司哑变量 sus 取值为 0，代表没有向上研发强度操控嫌疑。

接着考察上述分组方法能否捕获企业研发强度的会计操控行为。分组检验假设 H1，可发现对于 sus 取值等于 1 的子样本，解释变量 dum_recog 在 1% 水平上显著大于 0。而对于 sus 等于 0 的子样本，解释变量 dum_recog 并不显著。

然后，构建下面的模型（8-3）检验假设 H3，运用 DID 方法检验高新技术企业复审前的会计操控行为是否会对高新技术企业复审后的研发行为与企业成长性的动态变化产生影响，解释变量是交乘项 $d_i\tau\times sus(\tau=1,2,3)$。

$$y_{i,t} = a + \sum_{\tau=0}^{3}\theta_{-\tau}d_{i\_\tau} + \sum_{\tau=1}^{3}\theta_{+\tau}d_i\tau + \sum_{\tau=1}^{3}\alpha_{-\tau}(d_{i\_\tau}\times sus) + \sum_{\tau=1}^{3}\beta_{+\tau}(d_i\tau\times sus)$$
$$+ \gamma control + \mu_i + \nu_t + \varepsilon \qquad (8-3)$$

8.4.3 变量定义

上述模型中的控制变量是表示公司基本特征的财务变量，包括资产规模 $size$，公司市净率 mtb，资产收益率 roa，表示是否亏损的哑变量 $loss$，反映企业偿债能力的资产负债率 $levy$，以及总资产周转率 $asseturn$。选择总资产周转率为控制变量是因为资产周转率能反映公司的营运能力，通常营运能力越强营运费用消耗越多。我们还选择前三名高管的薪酬总额 *compens* 作为控制变量，是考虑高管薪酬契约通常与公司业绩及企业未来发展息息相关，薪酬更高的管理者有可能更有动机进行会计操控。选择是否被四大会计师事务所审计的哑变量 *big*4 作为控制变量，是因为以往研究通常认为国际四大所有更强的议价能力，能起到更好监督作用。所有变量定义如表 8 – 2 所示。

表 8 – 2   变量定义

代码	定义
R&D_revenue	当期研发支出/当期营业收入，营业收入数据来自母公司报表，研发支出数据来自 CNRDS 数据库
salesexpen_revenue	当期销售费用/当期营业收入，数据来自母公司报表
dum_recog	在高新技术企业资格第一个三年存续期的最后一年哑变量 *dum_recog* 取值为 1，在随后一年取值为 0
$\ln(patent+1)$	*patent* 为当年独立获得的发明专利数量
$\ln(patent2+1)$	*patent2* 为当年联合获得的发明专利数量
investeffici	算法源于理查森（Richardson，2006）的公司投资效率模型，根据王善平和李志军（2011）算法进行具体计算
$\ln(1+tobinqa)$	*tobinqa* 为企业的托宾 Q，来源于 CSMAR 数据库
growth	营业收入成长性，$=\ln($当期营业收入/上一期的营业收入$)$
$d_{i\_}\tau$	哑变量，当公司 i 在 $t-\tau$ 年取值为 1，否则为 $0(\tau=0,1,2,3)$
$d_i\tau$	哑变量，当公司 i 在 $t+\tau$ 年取值为 1，否则为 $0(\tau=1,2,3)$
adminexpen_revenue	当期管理费用/当期营业收入，数据来自母公司报表
sus	如果公司 i 的变量 *adminexpen_revenue* 在 $t-0$ 年同时高于相邻的 $t-1$ 年和 $t+1$ 年，变量 *sus* 取值为 1；否则，*sus* 取值为 0
roa	期末净利润/当期总资产余额，数据来自母公司报表
size	总资产自然对数，数据来自母公司报表
levy	当期负债总额/当期资产总额，数据来自母公司报表

代码	定义
asseturn	总资产/营业收入，数据来自母公司报表
compens	董监高前三名的薪酬总额取自然对数
mtb	市值除以净资产，数据来自母公司报表
*big*4	被四大审计的公司取值为 1，否则为 0
loss	当 *roa* 小于 0 时取值为 1，否则为 0
*dumyear*2011	哑变量，2011 年取值为 1，其他年度取值为 0
assetgrow	总资产增长率，等于（当期资产/上一期资产）– 1
rank_assetgrow	工具变量，度量母公司总资产的增长率，*rank_assetgrow* 具体赋值如下：当 *assetgrow* ≤ 0.05 时，取值为 0；当 0.05 < *assetgrow* ≤ 0.15 时，取值为 1；当 0.15 < *assetgrow* ≤ 0.25 时，取值为 2；当 0.25 < *assetgrow* ≤ 0.35 时，取值为 3；当 *assetgrow* > 0.35 时，取值为 4
lagrank_assetgrow	工具变量，是 *rank_assetgrow* 的滞后一期
industry	根据中国证监会 2012 年行业分类指引划分的行业分类信息。制造业根据一位数字编码（C1/C2/C3/C4）来区分，除制造业以外的其他 17 个行业按照字母编码来区分行业分类信息（A/B/D/E/…/Q/R/S）

8.5 实证检验

8.5.1 对假设 H1 的检验

表 8 – 3 中的列（1）和列（2）的被解释变量是研发强度，等于研发支出比销售收入，列（1）中没有添加控制变量，哑变量 *dum* 的估计系数为 0.238，在 1% 的统计水平上显著，在经济水平上也显著，意味着高新技术企业在复审前一年有显著向上的会计指标操控，下一期研发强度会计指标的回转程度是 23.8%。列（2）中添加控制变量后哑变量 *dum_recog* 的估计系数仍然在 1% 水平上显著为正，与假设 H1 预期仍然保持一致。

表 8 – 3 对假设 H1 的固定效应模型检验

变量	R&D_revenue		salesexpen_revenue	
	（1）	（2）	（3）	（4）
dum_recog	0.238 *** (8.229)	0.251 *** (7.055)	0.001 (0.994)	0.001 (1.034)
roa		−0.005 (−0.005)		0.023 (0.545)
size		−0.072 (−0.337)		−0.013 *** (−2.941)
levy		−0.065 (−0.211)		0.025 * (1.845)
asseturn		0.056 (0.261)		−0.009 (−0.628)
compens		−0.333 ** (−2.112)		−0.002 (−0.757)
mtb		−0.026 (−1.556)		−0.002 ** (−1.979)
big4		−0.648 *** (−11.268)		0.013 (1.168)
loss		0.066 (0.752)		0.003 (0.905)
常数项	−0.983 *** (71.530)	−0.914 *** (−14.234)	−0.004 *** (−6.013)	−0.002 (−0.701)
行业固定效应	Yes	Yes	Yes	Yes
样本数	558	558	619	619
Adj. R²	0.207	0.241	0.002	0.036

注：（ ）内为根据标准误计算的 t 值；***、**、* 分别表示达到 1%、5%、10% 的显著性水平；所有连续变量先在 1% 水平上进行 winsorize 处理，然后在 each industry-year 经过中心化处理。

表 8 – 3 中的列（3）和列（4）的被解释变量是销售费用比销售收入，是销售强度的代理变量。我国的高新技术企业制度设计与销售强度无关，复

审前一年与复审后续一年的销售强度数据应当呈现出随机波动的特征，可以看到，无论是否添加控制变量，表示复审前后时间哑变量 *dum_recog* 的估计系数都不显著，不存在回转现象，与假设 H1 预期仍然保持一致。

上述 OLS 回归模型中，*dum_recog* 不是外生变量而是内生变量。内生性问题会带来 *dum_recog* 的回归估计系数有偏，下面运用 2SLS 方法进行回归以应对内生性问题。第一阶段回归中的工具变量是 *year2011*，*rank_assetgrow*，*lagrank_assetgrow*。工具变量 *rank_assetgrow*，*lagrank_assetgrow* 度量了资产成长性，该指标能够影响企业通过高新技术企业复审的概率。同时，资产成长性指标与研发强度之间无关，提高资产成长性指标最简单直接的方法是增加负债；而改变研发强度则要改变研发支出或销售收入。*year2011* 是 2011 年取值为 1、其余年度取值为 0 的哑变量。

表 8-4 中列示了内生性检验的结果，列（1）中的被解释变量是研发强度，拒绝了解释变量 *dum_recog* 是外生的原假设；列（2）中的被解释变量是销售强度，没有拒绝解释变量 *dum_recog* 是外生的原假设。检验结果和内生性预期相一致，因为研发强度、是否通过高新技术企业复审这两个因素都与高新技术企业认定制度息息相关，而销售强度与高新技术企业认定制度没有任何直接关系。

表 8-4 内生性问题相关检验的结果

检验项目	（1）	（2）
Davidson-MacKinnon test of exogeneity	1.6e-05	0.8945
overidentification test of all instruments：Sargan statistic Chi-sq（2）	0.4736	0.2124
Weak identification test：Cragg-Donald Wald F statistic	47.867	52.668
Weak identification test：5% maximal IV relative bias	13.91	13.91

表 8-4 中列（1）进一步列示了过度识别检验的结果，通过了恰好识别的原假设。列（2）还进行了弱工具变量检验，结果显示拒绝了弱工具变量原假设。检验结果意味着上述工具变量能够用于解决表 8-4 中列（1）模型中的内生性问题。表 8-5 中列示了 2SLS 方法第二阶段的回归结果。

表 8 – 5　　　　　　　　　　　　**对假设 H1 的 2SLS 模型检验**

变量	R&D_revenue		salesexpen_revenue	
	(1)	(2)	(3)	(4)
dum_recog	0.377 *** (7.400)	0.434 *** (7.697)	0.002 (1.135)	0.002 (0.714)
roa		0.309 (0.302)		0.024 (0.565)
size		0.134 (0.954)		−0.013 ** (−2.084)
levy		0.506 (1.283)		0.026 (1.540)
asseturn		−0.034 (−0.148)		−0.009 (−0.987)
compens		−0.403 *** (−3.350)		−0.003 (−0.509)
mtb		−0.032 * (−1.756)		−0.002 *** (−3.056)
big4		−0.850 * (−1.727)		0.013 (0.829)
loss		0.101 (0.990)		0.004 (0.816)
常数项	−1.048 *** (37.040)	−1.046 *** (−16.233)	−0.004 *** (−3.391)	−0.002 (−0.545)
行业固定效应	Yes	Yes	Yes	Yes
样本数	551	551	612	612

注：（ ）内为根据标准误计算的 t 值；*** 、** 、* 分别表示达到 1% 、5% 、10% 的显著性水平；所有连续变量先在 1% 水平上进行 winsorize 处理，然后在 each industry-year 经过中心化处理。

表 8 – 5 中列示了 2SLS 第一阶段回归的估计结果，列（1）和列（2）中的被解释变量都是研发强度的代理变量，无论是否添加了控制变量，检验结果与表 8 – 3 一致，解释变量 dum_recog 的估计系数都在 1% 水平上显著大于

0。OLS 回归与 2SLS 回归估计的不同之处在于 OLS 回归中的 *dum_recog* 的估计系数显著低于后者。列（2）2SLS 回归中 *dum* 的估计系数为 0.434，而 OLS 回归的 *dum_recog* 的估计系数为 0.251，意味着 OLS 回归的估计结果相对低估了约 42%。

8.5.2 对假设 H2 的检验

为检验高新技术企业复审前后的研发行为与企业价值的动态变化，我们运用匹配 + DID 的方法进行检验。在匹配方法的选择上，我们采用 CEM（coarsened exact matching）匹配方法（Iacus et al.，2012）。我们没有采用 PSM 方法配对是因为 PSM 方法需要通过平衡性检验，CEM 匹配方法的模型依赖度更低。CEM 匹配方法的具体操作：我们首先选择 $t-3$ 年的 264 家高新技术企业作为原始配对前样本，因为高新技术企业在当年并没有享受高新技术企业的税率 15% 的所得税优惠政策。我们运用 CEM 方法进行一一配对，以 k2k 解决方案为每一家高新技术企业根据三个变量（年度、行业与资产规模）寻找非高新技术企业进行配对。成功配对了 258 家，有 6 家高新技术企业没有配对。

表 8-6 中列示了匹配前后单变量的不平衡程度，*year* 在匹配前的 L1 统计量为 0.76844，匹配后的 L1 统计量等于 0，实现了完全精确年度匹配。资产规模在匹配前的 L1 统计量为 0.17909，匹配后的 L1 统计量大幅降低为 0.04651。行业在匹配前的 L1 统计量为 0.30467，匹配后的 L1 统计量大幅降低为 0.03488。两组协变量的 L1 统计量是 0.95219，匹配后的 L1 统计量降低为 0.18217，不平衡程度大幅度降低。

表 8-6   CEM 方法匹配前后的协变量不平衡情况

配对项	变量	L1 统计量	平均值	最小值	25%	50%	75%	最大值
配对前（Multivariate L1 distance：0.95219）	资产规模	0.17909	-0.40781	0.41301	-0.27517	-0.39997	-0.45991	-1.0917
	年度	0.76844	-5.2144	2	-3	-6	-8	-7
	行业	0.30467	-1.7689	0	0	0	-4	-4

续表

配对项	变量	L1 统计量	平均值	最小值	25%	50%	75%	最大值
配对后（Multivariate L1 distance：0.18217）	资产规模	0.04651	0.01234	−0.1144	0.05028	0.0085	−0.01984	0.10601
	年度	0	0	0	0	0	0	0
	行业	0.03488	0.03488	0	0	0	0	0

表 8 – 7 中检验了高新技术企业复审前后企业研发行为与企业价值的动态
变化。列（1）和列（2）的被解释变量是"当年独立获得的发明专利数量"
的对数值，以刻画企业的独立研发行为，发明专利的创新性通常显著高于实
用新型专利与外观设计专利。表 8 – 7 中列（3）和列（4）的被解释变量是
"当年联合获得的发明专利数量"的对数值，以刻画企业和外部科研院所联
合研发所呈现出来的联合研发行为，通常情况下联合研发比独立研发见效会
快一些。列（1）和列（3）中没有添加控制变量，列（2）和列（4）中添
加了控制变量。

表 8 – 7　高新技术企业与非高新技术企业复审前后研发效果的动态变化

变量	$\ln(patent+1)$		$\ln(patent2+1)$		$investeffici$	
	（1）	（2）	（3）	（4）	（5）	（6）
d_i_3	1.137 (0.726)	0.866 (0.532)	0.145 (0.394)	0.484 (1.446)	0.039 (0.450)	0.063 (0.958)
d_i_2	0.952 (0.688)	0.705 (0.489)	0.098 (0.304)	0.395 (1.355)	0.039 (0.508)	0.061 (1.049)
d_i_1	0.807 (0.670)	0.598 (0.477)	0.056 (0.204)	0.321 (1.284)	0.03 (0.450)	0.046 (0.911)
d_i_0	0.66 (0.645)	0.459 (0.431)	0.063 (0.276)	0.295 (1.417)	0.031 (0.547)	0.043 (1.012)
d_i1	0.509 (0.603)	0.342 (0.389)	0.095 (0.514)	0.284 * (1.751)	0.03 (0.651)	0.04 (1.176)
d_i2	0.312 (0.469)	0.173 (0.249)	0.058 (0.395)	0.222 * (1.790)	0.018 (0.514)	0.022 (0.835)

续表

变量	$\ln(patent+1)$		$\ln(patent2+1)$		$investeffici$	
	（1）	（2）	（3）	（4）	（5）	（6）
d_i3	0.13 (0.266)	0.024 (0.047)	0.052 (0.455)	0.186** (2.047)	0.016 (0.607)	0.017 (0.883)
$d_i\_3\times ht$	0.036 (0.739)	0.045 (0.922)	0.024 (0.864)	0.026 (0.941)	−0.005 (−0.584)	−0.003 (−0.344)
$d_i\_2\times ht$	0.073 (1.279)	0.056 (0.984)	0.076** (2.268)	0.076** (2.223)	−0.008 (−1.126)	−0.007 (−0.907)
$d_i\_1\times ht$	−0.003 (−0.050)	−0.015 (−0.228)	0.073 (1.633)	0.071 (1.528)	−0.005 (−0.675)	−0.002 (−0.269)
$d_i1\times ht$	0.118 (1.549)	0.092 (1.169)	0.100* (1.871)	0.092* (1.696)	0.000 (−0.029)	0.000 (−0.060)
$d_i2\times ht$	0.234*** (2.796)	0.213** (2.490)	0.114** (2.022)	0.097* (1.706)	0.004 (0.577)	0.006 (0.902)
$d_i3\times ht$	0.258*** (2.983)	0.225** (2.538)	0.184*** (3.353)	0.169*** (3.024)	0.014** (2.143)	0.014** (2.026)
控制变量	No	Yes	No	Yes	No	Yes
行业固定效应	Yes	Yes	Yes	Yes	Yes	Yes
年份固定效应	Yes	Yes	Yes	Yes	Yes	Yes
样本数	3 508	3 368	3 508	3 368	3 123	3 023
Adj. R^2	0.128	0.137	0.058	0.065	0.023	0.049

注：（ ）内为根据标准误计算的 t 值；***、**、* 分别表示达到 1%、5%、10% 的显著性水平；所有连续变量先在 1% 水平上进行 winsorize 处理，然后在 each industry-year 经过中心化处理。

前四列的交乘项 $d_i\_3\times ht$ 都不显著，表明在享受所得税税收优惠的前一年（即 $t-3$ 期），高新技术企业与非高新技术企业的研发行为无显著差异，CEM 的配对效果良好。列（1）和列（2）的交乘项 $d_i2\times ht$、$d_i3\times ht$ 显著大于 0，表明直到复审后的 $t+2$ 期和 $t+3$ 期，高新技术企业独立研发行为显著高于非高新技术企业，意味着独立研发行为效果的呈现需要四年时间之久。列（3）和列（4）的交乘项 $d_i\_2\times ht$、$d_i1\times ht$、$d_i2\times ht$、$d_i3\times ht$ 显著大于 0，表明在复审前的 $t-2$ 年与复审后的 $t+1$ 年、$t+2$ 年与 $t+3$ 年，高新技术企业联合研发行为都显著高于非高新技术企业。这意味着与独立研发行为相比，联合研发行为效果的呈现速度要快得多。

综上所述，在获得高新技术企业资格前，高新技术企业与非高新技术企业的研发行为无显著差异。然而，在获得高新技术企业资格后，高新技术企业的联合研发效果较快呈现出来；独立研发行为效果的呈现慢一些，但也在享受税收优惠四年后显著呈现出来。

表 8-7 列（5）和列（6）中的交乘项 $d_i\_3 \times ht$ 也不显著，表明在享受所得税税收优惠的前一年（即 $t-3$ 年），高新技术企业与非高新技术企业的投资情况无显著差异。列（5）和列（6）列中的交乘项大多不显著，只有 $d_i3 \times ht$ 显著大于 0，表明直到复审后的 $t+3$ 年，高新技术企业相对于非高新技术企业加大了投资，意味着高新技术企业的资本投资滞后于独立研发行为效果的呈现。

表 8-8 中列（1）和列（2）的被解释变量是"托宾 Q"的对数值。表中列（3）和列（4）的被解释变量是"营业收入增长"。列（1）和列（3）中没有添加控制变量，列（2）和列（4）中添加了控制变量。四列中的交乘项 $d_i\_3 \times ht$ 都不显著，表明在享受所得税税收优惠的前一年（即 $t-3$ 期），高新技术企业与非高新技术企业的企业价值与销售成长性没有显著差异。

表 8-8　　　　　　　　高新技术企业复审前后企业价值的动态变化

变量	$\ln(1+tobinqa)$		growth	
	(1)	(2)	(3)	(4)
d_i_3	1.005 (1.330)	0.339 (1.321)	0.744 (0.754)	0.617 (0.608)
d_i_2	0.882 (1.327)	0.305 (1.336)	0.7 (0.796)	0.585 (0.647)
d_i_1	0.755 (1.316)	0.252 (1.258)	0.547 (0.709)	0.463 (0.581)
d_i_0	0.648 (1.344)	0.23 (1.323)	0.464 (0.694)	0.392 (0.572)
d_i1	0.53 (1.355)	0.199 (1.368)	0.451 (0.803)	0.38 (0.658)

续表

变量	ln(1 + $tobinqa$)		$growth$	
	（1）	（2）	（3）	（4）
d_i2	0.392 (1.301)	0.139 (1.175)	0.46 (1.027)	0.389 (0.845)
d_i3	0.295 (1.396)	0.133 (1.462)	0.27 (0.771)	0.198 (0.552)
$d_i\_3 \times ht$	−0.006 (−0.209)	−0.028 (−1.246)	−0.044 (−0.810)	−0.013 (−0.247)
$d_i\_2 \times ht$	−0.009 (−0.359)	−0.041** (−1.984)	−0.075 (−1.333)	−0.047 (−0.916)
$d_i\_1 \times ht$	−0.006 (−0.273)	−0.009 (−0.532)	−0.071 (−1.274)	−0.044 (−0.894)
$d_i1 \times ht$	−0.026 (−1.466)	−0.012 (−0.789)	−0.033 (−0.681)	−0.033 (−0.706)
$d_i2 \times ht$	−0.023 (−0.968)	−0.002 (−0.118)	−0.159** (−2.299)	−0.120* (−1.829)
$d_i3 \times ht$	−0.044* (−1.743)	−0.016 (−0.799)	−0.074 (−1.272)	−0.029 (−0.524)
控制变量	No	Yes	No	Yes
行业固定效应	Yes	Yes	Yes	Yes
年份固定效应	Yes	Yes	Yes	Yes
样本数	3 485	3 385	3 365	3 308
Adj. R^2	0.336	0.61	0.006	0.116

注：（ ）内为根据标准误计算的 t 值；***、**、* 分别表示达到 1%、5%、10% 的显著性水平；所有连续变量先在 1% 水平上进行 winsorize 处理，然后在 each industry-year 经过中心化处理。

表 8 - 8 列（1）的交乘项只有 $d_i\_2 \times ht$ 为 − 0.041 显著小于 0，表明高新技术企业在复审前的 $t-2$ 年的托宾 Q 微弱的低于非高新技术企业。列（4）只有交乘项 $d_i2 \times ht$ 为 − 0.120 显著小于 0，表明高新技术企业只有在 $t+2$ 年的销售成长微弱低于非高新技术企业。总之，虽然高新技术企业在复审后表现出更好的研发效果，但高新技术企业的企业价值与成长性并没有表现得更好。

8.5.3 对假设 H3 的检验

为检验高新技术企业复审前的会计操控行为对复审后企业价值与研发行为的影响。上述检验发现高新技术企业制度对增强企业的研发行为有着明显的推动作用，但对企业价值没有显著正面推动作用。我们下面进一步检验，这种作用机制在操控高新技术企业与非操控高新技术企业子样本之间是否存在显著差异。

我们定义有研发强度指标操控嫌疑公司的 sus 取值为 1，否则取值为 0。我们检验 sus 取值为 1 的子样本是否能够识别高新技术企业研发强度的向上操控行为。结果如表 8–9 所示，对 sus 取值为 1 的子样本进行回归检验，dum_recog 的估计系数在 1% 的显著性水平上显著为正，但对 sus 取值为 0 的子样本进行回归检验，dum_recog 的估计系数在 10% 的显著性水平上都不显著为正。

表 8–9　　　　　　　　　　　　对变量 sus 识别效用的检验

变量	R&D_revenue		salesexpen_revenue	
	$sus = 1$	$sus = 0$	$sus = 1$	$sus = 0$
dum_recog	0. 338 *** (14. 214)	0. 001 (0. 542)	0. 001 (0. 648)	0. 06 (0. 583)
控制变量	Yes	Yes	Yes	Yes
行业固定效应	Yes	Yes	Yes	Yes
样本数	387	190	429	171
Adj. R²	0. 714	0. 304	0. 017	0. 213

下面运用 DID 方法检验假设 H3，表 8–10 中所有的 $d_i\_3 \times sus$ 大都不显著，表明在首次取得高新技术企业资格前两类高新技术企业（有会计指标操控行为与没有会计指标操控行为的高新技术企业）的托宾 Q、收入成长性、独立研发效果与联合研发效果原本无显著差异。

表 8 – 10　　　　　　**复审前会计操控行为对复审后研发行为的影响**

变量	(1)	(2)	(3)	(4)	(5)
	$\ln(1 + tobinqa)$	$growth$	$\ln(patent + 1)$	$\ln(patent2 + 1)$	$investeffici$
d_i_3	– 0.032 (– 1.051)	0.118* (1.874)	– 0.067 (– 0.664)	0.094 (1.549)	0.015** (1.982)
d_i_2	– 0.049** (– 2.042)	0.120*** (2.726)	0.025 (0.320)	0.043 (0.917)	0.008 (1.311)
d_i_1	– 0.011 (– 0.728)	0.007 (0.235)	0.015 (0.258)	– 0.017 (– 0.373)	0.006 (1.107)
d_i1	0.012 (0.710)	– 0.019 (– 0.513)	0.115 (1.521)	0.045 (0.811)	0.004 (0.606)
d_i2	– 0.014 (– 0.603)	0.027 (0.484)	0.205** (2.247)	– 0.039 (– 0.544)	– 0.014** (– 2.070)
d_i3	– 0.022 (– 0.909)	– 0.03 (– 0.626)	0.233** (2.012)	0.052 (0.719)	0.001 (0.106)
$d_i\_3 \times sus$	0.022 (0.622)	0.026 (0.364)	– 0.029 (– 0.232)	– 0.03 (– 0.442)	– 0.018* (– 1.746)
$d_i\_2 \times sus$	0.012 (0.480)	– 0.058 (– 1.063)	– 0.081 (– 0.844)	0.028 (0.482)	– 0.003 (– 0.328)
$d_i\_1 \times sus$	– 0.017 (– 0.850)	0.024 (0.473)	0.12 (1.323)	0.091 (1.602)	– 0.01 (– 1.458)
$d_i1 \times sus$	– 0.003 (– 0.140)	0.037 (0.867)	0.111 (1.072)	0.04 (0.545)	– 0.009 (– 1.103)
$d_i2 \times sus$	0.027 (0.952)	– 0.095 (– 1.240)	0.149 (1.256)	0.115* (1.731)	– 0.003 (– 0.416)
$d_i3 \times sus$	0.022 (0.736)	– 0.007 (– 0.096)	0.203 (1.424)	0.066 (0.839)	– 0.019* (– 1.680)
控制变量	Yes	Yes	Yes	Yes	Yes
行业固定效应	Yes	Yes	Yes	Yes	Yes

续表

变量	(1) $\ln(1+tobinqa)$	(2) $growth$	(3) $\ln(patent+1)$	(4) $\ln(patent2+1)$	(5) $investeffici$
年份固定效应	Yes	Yes	Yes	Yes	Yes
样本数	2 130	2 046	2 130	2 130	1 883
Adj. R^2	0.639	0.156	0.158	0.101	0.05

注：( ) 内为根据标准误计算的 t 值；***、**、* 分别表示达到 1%、5%、10% 的显著性水平；所有连续变量先在 1% 水平上进行 winsorize 处理，然后在 each industry-year 经过中心化处理。

表 8 – 10 列 (1) 的交乘项都不显著，表明高新技术企业复审前的会计指标操控行为对高新技术企业复审后的托宾 Q 无显著影响。列 (2) 的交乘项都不显著，表明复审前的会计指标操控行为对复审后高新技术企业的销售收入成长性无显著影响。列 (3) 的交乘项都不显著，表明高新技术企业复审前的会计指标操控行为对独立研发行为无显著影响。列 (4) 仅有交乘项 $d_i2 \times sus$ 显著大于 0，对 $d_i1 \times sus + d_i2 \times sus + d_i3 \times sus$ 进行联合检验并不显著，表明高新技术企业复审前的会计指标操控行为对高新技术企业复审后的联合研发行为无显著影响。列 (5) 交乘项 $d_i3 \times sus$ 显著小于 0，对 $d_i1 \times sus + d_i2 \times sus + d_i3 \times sus$ 进行联合检验不显著，表明复审前的会计指标操控行为对复审后的高新技术企业投资行为无显著影响。综上所述，检验结果表明高新技术企业复审前的会计指标操控行为对高新技术企业复审后的托宾 Q、营业收入成长性、独立研发行为、联合研发行为以及投资行为都没有显著影响。

8.6　研究结论与启示

本章揭示了我国企业高新技术企业认定政策的经济后果，高新技术企业政策推动了企业研发行为。高新技术企业在认定后的研发效果得到显著提高，其中联合研发效果提高得快一些，独立研发效果提高得相对慢一些。高新技术企业认定前的信息不对称并未造成认定后的企业不重视研发投入，道德风险行为并不严重，这是因为我国高新技术企业制度设计上有其合理的一面，表现在三年一轮回的重复博弈以及竞争性的制度设计。

　　本章进一步揭示了复审前的会计操控行为并没有影响认定后的研发行为、投资行为与企业成长性，这暗示着高新技术企业认定制度在认定前的逆向选择问题并不严重。这是因为，在认定前不仅需要企业提供会计信息，还需要企业提供非会计信息以证明其研发能力。企业在复审前一年向上操控研发强度指标，可能是因为现实世界不同行业之间的研发强度原本就有所不同，现有高新技术企业认定制度的研发强度门槛"一刀切"不尽合理。

　　本章得到的启示有：税收的激励政策与竞争性重复博弈的制度设计能够促进企业科技创新，其中在制度设计上，当会计信息较容易受到操控时，应当充分结合不容易被操控的非会计信息以减少高新技术企业认定过程中的逆向选择行为。竞争机制的设计与三年一轮回的重复博弈，造成企业将真实的研发投入视为可置信的威胁，能降低高新技术企业认定后的道德风险行为。

8.7　本章小结

　　本章考察了高新技术企业复审前的会计操控行为，发现在复审前一年高新技术企业会出于通过研发强度门槛动机向上操控研发强度会计指标。相对于非高新技术企业，高新技术企业在通过复审后研发效果有显著提高，但企业成长性与投资行为无显著变化。此外，高新技术企业在复审前的会计操控行为对其复审后的研发行为、企业成长性与投资行为无显著影响。本节揭示了当会计信息易于被操控时，我国的高新技术企业认定制度综合运用了相对不容易被操控的非会计信息，两者结合在一定程度上能甄别研发能力较强的企业。整体上，这种竞争性重复博弈的高新技术企业制度设计减少了高新技术企业认定过程中的逆向选择问题，高新技术企业在取得高新技术企业资格后的道德风险问题并不严重。

第 9 章
国家火炬计划公告的市场反应研究

9.1 引言

国家火炬计划重点高新技术企业不是一般的高新技术企业，而是国家骨干高新技术企业，是推进我国创新驱动战略的中坚力量（以下简称"国家重点高新技术企业"）。国家重点高新技术企业聚集了大量的优秀科技人才，引领着我国高新技术产业快速发展。为培育发展国家重点高新技术企业，科技部火炬中心根据《国家火炬计划重点高新技术企业管理办法》组织实施遴选工作，发布国家重点高新技术企业的入选名单。若企业被认定为国家重点高新技术企业，能获得研发创新资源的双重支持；国家重点高新技术企业不仅能享受一般高新技术企业的税收优惠政策，如享受 15% 的企业所得税税收优惠政策，还能得到科技部火炬中心与地方科技部门对信息、宣传、人才、市场、资金等方面的支持，有资金条件的地方政府还能进一步给予专项资金扶持。

火炬计划实施具有丰富的政策效应。入选国家重点高新技术企业意味着它进入了中国高科技的光荣行列，其科技能力得到政府的认可；入选国家重点高新技术企业能提高企业的知名度和市场地位，促进科技与经济、金融的融合，有利于高新技术成果商品化、高新技术商品产业化和高新技术产业国际化。于此背景下，有学者从高新技术企业产业开发区与技术服务中心等其他方面研究了国家创新支持政策的实施效果；然而，只有很少的实证研究直接考察火炬计划政策的实施效果，例如，赵黎明、官远芳（2015）与吴文清，赵黎明（2012）运用了省市地区层面的火炬计划项目统计数据，对国家火炬计划实施的经营效率问题进行了研究。

全面合理考察国家火炬计划政策的实施效果具有重要的现实意义，但迄今为止，仍然没有研究考察国家火炬计划实施对资本市场价格反应的影响。资本市场资源配置行为会受到资本市场价格行为影响，乃至进一步影响企业创新行为。例如，如果火炬计划公告的市场反应是正向的，国家重点高新技术企业其自身的企业价值不仅会得到提高，同时还会带来正面的经济外部性，国家重点高新技术企业的市场定价更高会产生示范作用，对其他一般高新技术企业的科技创新起到正面促进引导作用。反之，如果火炬计划公告的资本市场反应为负，会带来负面的经济外部性。

为此，本章运用国家重点高新技术企业的微观数据来考察火炬计划实施对企业价值的影响。对于国家火炬计划以及国家重点高新技术企业认定，投资者在资本市场上究竟会产生何种市场反应？有哪些影响因素会造成公司市场价格反应的差异？在当前各行各业思考如何促进供给侧结构性改革的大背景下，我们运用事件研究法对以上问题的研究，为从微观公司层面出发评价火炬计划的政策效应提供了新思路，不仅能丰富关于火炬计划政策的实施效果研究，还能拓展企业创新与资本市场的相关研究，也为思考如何进一步完善国家创新政策提供若干建议。

9.2 文献回顾与研究假设

9.2.1 文献回顾

取得国家火炬计划重点高新技术企业可以得到科技部火炬中心与地方科技部门对信息、宣传、人才、市场、资金等方面的支持，因此，国家重点高新技术企业可能得到的研发补贴会对企业研发支出产生影响，进而会对公司价值与经营绩效产生影响。首先，关于政府补贴、税收优惠对研发投入影响的研究，国内外学者主要认为税收优惠政策会激励企业的研发投入，并探讨了两者之间的博弈关系。有学者认为适度补贴才能够激励企业创新，而过高的补贴会抑制了企业创新。戴晨和刘怡（2008）发现税收优惠相对于财政补贴对企业研发投资的激励作用更强，但财政补贴快捷、反应迅速是税收优惠不具备的。

关于企业研发投入对公司价值与经营绩效的影响，多数研究认为会产生积极作用。研发会对公司利润具有积极推动作用，研发投入与未来股价波动正相关，高科技行业中高于行业平均研发强度水平会导致更大的股价上涨，研发投入资金中的资本化部分与股价的正效应关系比未资本化部分更显著。然而，许玲玲和郑春美（2016）研究高新技术企业认定公告的市场反应，发现当上市公司取得高新技术企业资格时，投资者并没有给予较高定价，其市场反应较差。

综上所述，现有研究主要侧重于探讨国家政策工具与企业研发投入之间的关系、市场对企业研发投入的反应两个方面。目前对国家创新扶持政策的市场反应研究很少，学术界仍然缺乏对国家火炬计划创新扶持政策市场反应的相关研究，为此我们运用公司层面的微观数据与事件研究方法开展具体研究。

9.2.2 研究假设

高新技术企业被认定为国家重点高新技术企业，是对企业创新能力的重大肯定。根据科技部火炬中心发布的《国家火炬计划重点高新技术企业管理办法》，国家重点高新技术企业除了享有一般高新技术企业的税收优惠外，还可以在"火炬旗帜"的引导下，得到国家和地方科技部门各类资源的多方面扶持，火炬计划项目的推行有利于企业将高新技术成果转为现实生产力。企业获得火炬计划项目的政策支持后，凭借其特殊的政策优势加大研发投入，积累研发经验，提高高新技术企业自身研发能力与创新能力，开发出具有更强核心竞争力的新产品。税收优惠政策具有成本效应，通过对企业资金供给的影响间接促进研发决策（邵诚，2010）。财政补贴能够有效地解决市场失灵并促进企业技术创新（Carboni，2011）。因此，在国家火炬计划的培育下，国家重点企业更可能取得企业核心竞争优势，有利于企业从激烈的市场竞争中获取超额收益，改善企业未来现金流并实现企业价值增值。赵黎明和官远芳（2015）在研究中也发现目前国家火炬计划项目整体处于规模报酬递增的发展阶段，整体经营效率也呈上升趋势。因此，对投资者而言，企业取得国家重点高新技术企业资格，获得火炬计划项目的政策支持是一种正面的市场信号，国家重点高新技术企业更有机会取得丰富的创新资源以及较好的公司绩效，未来实现股东财富最大化的可能性更高。由此提出以下假设：

假设 H1：资本市场对企业取得国家重点高新技术企业资格公告会产生显著正向的市场反应，即投资者对于国家重点高新技术企业给予较高市场定价。

关于企业规模与企业创新之间关系的研究，有研究认为企业研发绩效与企业规模正相关，企业规模和企业创新能力与技术创新效率存在着正相关关系。熊彼特（Schumpeter，1942）也曾提出"大企业创新优势论"，认为企业规模越大越有利于技术创新。然而这种"大企业创新优势论"的观点却得到了很多研究学者的反驳。曼斯菲尔德（Mansfield，1968）认为大型企业垄断性质使其丧失创新的动力，企业规模过大会使技术创新效率降低。大型企业受到研发融资约束问题较低，融资能力较强的大型企业受到创新制约较少，中小型企业受到的研发融资约束程度较深。但大型企业由于沉没成本问题存在着较大的研发风险，相对于大型企业，竞争性市场的中小企业更有动力进行创新。对投资者而言，相对于大型企业，得到国家火炬计划政策扶持的中小型企业更可能得到以前难以获得的信息资金技术、研发财政补贴等多方面支持，在很大程度上缓解了融资约束问题。同时，企业研发活动存在临界值，中小企业若能聚集内外部资源便可使创新约束得到软化，中小企业获得的国家重点高新技术企业身份也能缓解信贷活动中与金融机构的信息不对称问题，有利于中小企业创造企业价值。基于上述分析，我们提出以下假设：

假设 H2：国家重点高新技术企业认定公告颁布期间，中小型企业相对于大型企业具有更高的累计超额报酬。

我国上市公司的实际控制人性质可以区分为国有企业和非国有企业，企业实际控制人的产权性质对企业的创新有着重要影响。企业研发投入主要依赖的融资渠道有注册资本增加、企业内部融资、商业信用和银行贷款等方面，国有企业相对非国有企业更容易得到国有银行的支持，在生产创新上有着先天优势，较少存在研发融资约束问题。然而相对于国有企业，非国有企业受到的金融歧视较为严重，需要较多依靠内部融资方式，研发融资约束问题较为严重，由此非国有企业难以承担前期需要较大资金投入的研发活动，这显著抑制了非国有企业的研发投入。资源基础理论表明，有价值的企业资源是企业持续竞争优势的来源，研发强度较低的非国有企业因为自身资源的有限无法发挥研发投资的积极性。但是，随着国家火炬计划的扶持，相对于国有的国家重点高新技术企业，非国有企业获得国家重点高新技术企业身份后，能缓解信贷活动中与银行等金融机构的信息不对称问题，更容易得到以前难以获得的信息资金技术支持与研发财政补贴。因而，非国有企业通常具备一定的研发能力，政府给予适当的政策支持后能够更有效地促进企业研发投资；市场竞争性使得政策诱导效应在非国有企业中更显著。戴小勇和成力（2014）在研究中也发现，财政补贴对高技术私营企业研发投入强度的激励效果只有挤入效应而没有挤出效应。因此，我们认为相对于国有企业，非国有企业获得国家重点高新技术企业资格后会获得较多边际收益，有利于实现企业价值增值。基于上述分析，我们提出以下假设：

假设 H3：国家重点高新技术企业认定公告颁布期间，非国有企业相对于国有企业具有更高的累计超额报酬。

9.3　研究设计

9.3.1　样本选择与数据来源

我们根据巨潮资讯网发布的公告手工收集整理国家火炬计划重点高新技术企业。申报国家火炬计划重点高新技术企业的企业首先必须是一般的高新技术企业，科技部、财政部与国家税务总局为实现"加快建设创新型国家"的战略目标，2008 年颁布了《高新技术企业认定管理办法》和《高新技术企业认定管理工作指引》，为一般高新技术企业资格认定工作提供了标准。国家重点高新技术企业名单是在一般高新技术企业名单基础上进一步申报遴选的结果，因此，本章以 2009 年 1 月 1 日为起点收集被认定为国家火炬计划重点高新技术企业的上市公司。我们剔除金融保险类上市公司、ST 和 *ST 公司样本后，从 2009 年 1 月 1 日到 2016 年 9 月 30 日，共收集到 93 家被认定为国家重点高新技术企业的上市公司，以公告颁布日期作为事件日。国家火炬计划重点高新技术企业是根据科技部火炬中心发布的《国家火炬计划重点高新技术企业管理办法》进行认定，并在"高新技术企业认定管理工作网"发布公告。另外，本章研究所用的市场交易数据来自锐思（RESSET）数据库，财务指标数据来自国泰安（CSMAR）数据库，同时利用软件 Stata 12.0 进行数据处理分析。

9.3.2 研究方法

本章采用事件研究法研究市场对于国家火炬计划扶持政策的市场反应。事件研究法由鲍尔和布朗（Ball and Brown，1968）及法玛等（Fama et al.，1969）提出，目前已经被许多学者使用。使用事件研究法通常需要以下步骤：首先，事件日的确定。本章以上市公司发布的被认定为国家火炬计划重点高新技术企业的公告日为事件日。其次，事件窗口的选择。关于事件窗口的选择并无统一的标准，有较多研究选择事件窗口为公告日，还有研究选择公告前后较长时间作为事件窗口，事件窗口的长短有利有弊。所以，本章选择了公告日短时间窗口（-1，0]与较长时间窗口 [-10，10]。最后，股票正常收益率的确定，我们选择锐思（RESSET）数据库提供的等权平均市场日收益率度量股票正常收益率。

9.3.3 研究设计

为检验事件窗口内累计超额收益率的影响因素，我们运行如下回归模型进行检验：

$$CAR = a_0 + a_1 \times dum\_asset + a_2 \times nonstate + \beta \times control + \varepsilon$$

上述模型中的被解释变量包括每个样本公司的超额收益率。首先，我们选择公告日短窗口（-1，0］的超额收益率为解释变量，记为 $CAR0$。本章选择短时间窗口 $CAR0$，是因为选择长时间窗口会包含太多其他的"噪声"。其次，我们还选择每个样本公司长时间窗口［-10，10］的累计超额收益率，记为 $CAR10$。本章选择较长时间窗口，是因为事件窗口短可能会忽视了国家火炬计划扶持政策对时间窗口之外可能的影响。

上述模型中的解释变量包括企业规模与实际控制人的性质。本章以样本公司的总资产在某行业某年度的中位数来划分企业规模，大于或等于中位数的企业定义为大型企业，小于中位数的企业定义为中小型企业。以 dum_asset 来表示企业规模，大型企业取值为1，中小型企业取值为0。以国泰安（CSMAR）数据库中的实际控制人性质来划分产权性质，将样本划分为国有企业和非国有企业两种。以 $nonstate$ 来表示实际控制人性质，非国有企业取值为1，国有企业取值为0。控制变量包括企业年龄、净资产收益率、总资产增长率、资产负债率与营业收入增长率的哑变量，各控制变量的具体含义如表9-1所示。

表9-1　　　　　　　　　　　　各变量的说明

变量符号	变量含义	变量的定义
$CAR0$	超额收益率	（-1，0］窗口的累计超额收益率
$CAR10$	累计超额收益率	［-10，10］窗口的累计超额收益率
dum_asset	企业规模	虚拟变量，企业规模，大型公司取1，中小型公司取0
$nonstate$	产权性质	虚拟变量，非国有企业取值为1，国有企业取值为0
lnage	公司年龄	截至火炬计划实施那年公司年龄的自然对数
dum_lev	资产负债率的高低	以每一年度分行业资产负债率的中位数来划分，样本公司的资产负债率大于中位数取值为1；否则为0
dum_roe	净资产收益率的高低	以每一年度分行业净资产收益率的中位数来划分，样本公司的净资产收益率（净利润与股东权益平均余额）大于中位数取值为1；否则为0
dum_grow1	总资产增长率的高低	以每一年度分行业总资产增长率的中位数来划分，样本公司的总资产增长率大于中位数取值为1；否则为0
dum_grow2	营业收入增长率的高低	以每一年度分行业营业收入增长率的中位数来划分，样本公司的营业收入增长率大于中位数取值为1；否则为0

9.4 实证分析

9.4.1 描述性统计

表9-2列示了主要变量的描述性统计。公告日的超额收益率 $CAR0$ 的均值为 0.004，中位数为 0.003，表明在公告日资本市场对于国家火炬计划重点高新技术企业的颁布给予了较高定价。窗口 [-10，10] 的累计超额收益率 $CAR10$ 的均值为 -0.012 小于 0，可能是由于长时间窗口会包含其他的"噪声"。企业规模的中位数等于 0，均值为 0.315，所以国家火炬计划重点高新技术企业的上市公司整体规模相对偏低，被认定为国家火炬计划重点高新技术企业的上市公司大多是中小企业。同样，样本中非国有企业占有 89.1%，被认定为国家火炬计划重点高新技术企业的上市公司大多是非国有企业。资产负债率哑变量的中位数取值为 0，均值为 0.348，超过 60% 的企业负债较低。净资产收益率哑变量的中位数取值为 1，均值为 63.1%，超过 60% 的企业经营业绩较好。总资产增长率与营业收入增长率哑变量的中位数取值为 1，意味着过半国家火炬计划重点高新技术企业的企业成长性较好。总之，被认为国家重点高新技术企业的上市公司其负债率较低，经营业绩较好，企业成长性也较好。

表9-2　　　　　　　　　　主要变量的描述性统计

变量符号	样本数	平均值	标准差	p50	p25	p75
$CAR0$	93	0.004	0.024	0.003	-0.008	0.013
$CAR10$	93	-0.012	0.105	-0.027	-0.081	0.045
dum_asset	92	0.315	0.467	0	0	1
$nonstate$	92	0.891	0.313	1	1	1
$lnage$	92	2.463	0.416	2.525	2.303	2.708

续表

变量符号	样本数	平均值	标准差	p50	p25	p75
dum_lev	92	0.348	0.479	0	0	1
dum_roe	84	0.631	0.485	1	0	1
dum_grow1	84	0.583	0.496	1	0	1
dum_grow2	84	0.512	0.503	1	0	1

9.4.2 相关性分析

从表9-3可以看出，超额收益率$CAR0$与累计超额收益率$CAR10$显著正相关；两种超额收益率与资产规模dum_asset的相关系数都小于0，其中超额收益率$CAR0$与资产规模dum_asset的相关系数显著小于0，意味着投资者对中小企业的国家重点高新技术企业认定公告的颁布给予更积极的市场反应。无论是超额收益率$CAR0$还是累计超额收益率$CAR10$，与变量$nonstate$的相关系数都大于0。另外，无论是超额收益率$CAR0$还是累计超额收益率$CAR10$，与表示企业成长性的两个变量dum_grow1与dum_grow2的所有相关系数都大于0。

表9-3 主要变量相关系数检验

变量	$CAR0$	$CAR10$	dum_asset	$nonstate$	lnage	dum_lev	dum_roe	dum_grow1	dum_grow2
$CAR0$	1								
$CAR10$	0.257**	1							
dum_asset	-0.205**	-0.011	1						
$nonstate$	0.019	0.159	-0.139	1					
lnage	0.028	0.12	0.003	-0.013	1				
dum_lev	0.094	0.076	0.389***	-0.185*	0.146	1			
dum_roe	0.161	-0.046	-0.055	0.054	-0.101	-0.108	1		
dum_grow1	0.035	0.211*	0.168	-0.059	0.063	0.220**	-0.096	1	
dum_grow2	0.07	0.066	0.06	0.047	-0.206*	-0.144	0.339***	0.286***	1

注：*、**、***分别代表的显著性水平为10%、5%、1%。

图 9 - 1 列示了上市公司被认定为国家重点高新技术企业的公告前 20 天到公告后 20 天的每天平均超额收益率。从图中我们可以看出，在公告日前第 4 天的平均超额报酬率达到最低，具体值为 - 0.613% 。到公告日前一天的平均超额报酬率具体值为 - 0.053% ，仍然小于 0。然而，到公告日（window = 0）的这一天平均超额收益率以非常快的速度回升，样本公司平均超额报酬率达到了 0.428% 。

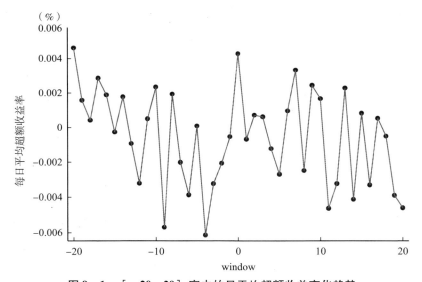

图 9 - 1　〔 - 20，20〕窗内的日平均超额收益变化趋势

在表 9 - 4 中我们对样本公司在公告日的超额收益率 *CAR*0 进行 t 检验发现其显著大于 0，同时，还对样本公司在窗口〔 - 10，10〕的累计超额收益率 *CAR*10 进行 t 检验发现其并不显著异于 0，可能是事件窗口较长包含太多其他噪声的结果。综上所述，我们发现在上市公司颁布已经取得国家重点高新技术企业资格的公告日，投资者对公告反应很灵敏而且是显著正向的市场反应，取得国家火炬计划重点高新技术企业资格是企业向好的信号，投资者对该企业取得国家重点高新技术企业身份给予了较高定价，与假设 H1 预期一致。

表 9 - 4 短窗口与长窗口的累计超额收益率

变量名称	事件窗口	累计超额收益率的均值	Pr(T > t)
CAR0	(-1, 0]	0.004	0.0439 **
CAR10	[-10, 10]	- 0.012	0.8674

9.4.3 多元回归分析

表 9 - 5 列 (1) ~ 列 (3) 中列示了对公告日超额收益率 CAR0 影响因素的多元回归结果，无论是否添加控制变量，变量 dum_asset 的估计系数都显著小于 0，表明相对于大公司，企业规模较小公司在公告日的超额收益更高，与假设 H2 预期保持一致。这是因为中小型企业虽组织灵活且具有创新活力，可是由于资金匮乏问题而限制其创新发展。得到国家火炬计划的政策支持后，被认定为国家重点高新技术企业的中小型企业还可能得到地方科技部门的专项扶持资金，这些资金信息等方面的支持将缓解中小企业的融资约束问题。因此，投资者对中小企业的国家重点高新技术企业认定公告的颁布给予更积极的市场反应。

表 9 - 5 对公告日超额收益 CAR0 影响因素的多元回归结果

变量	(1) CAR0	(2) CAR0	(3) CAR0	(4) ln(1 + CAR0)	(5) ln(1 + CAR0)	(6) ln(1 + CAR0)
dum_asset	- 0.011 ** (-2.297)	- 0.015 ** (-2.532)	- 0.014 ** (-2.342)	- 0.010 ** (-2.266)	- 0.014 ** (-2.520)	- 0.014 ** (-2.336)
nonstate	- 0.001 (-0.204)	0.001 (0.366)	0.001 (0.125)	- 0.001 (-0.265)	0.001 (0.303)	0.000 (0.063)
lnage		0.000 (-0.011)	0.000 (-0.05)		0.000 (-0.024)	0.000 (-0.048)
dum_lev		0.01 (1.647)	0.01 (1.409)		0.010 (1.657)	0.010 (1.419)

续表

变量	(1)	(2)	(3)	(4)	(5)	(6)
	$CAR0$	$CAR0$	$CAR0$	$\ln(1+CAR0)$	$\ln(1+CAR0)$	$\ln(1+CAR0)$
dum_roe			0.007 (1.297)			0.007 (1.289)
*dum_grow*1			0.002 (0.351)			0.002 (0.341)
*dum_grow*2			0.002 (0.385)			0.003 (0.43)
常数项	0.008 ** (2.342)	0.004 (0.243)	−0.002 (−0.074)	0.008 ** (2.314)	0.004 (0.25)	−0.002 (−0.076)
样本数	92	92	84	92	92	84

注：（ ）内为根据稳健标准误计算的 t 值；＊、＊＊、＊＊＊分别代表的显著性水平为 10%、5%、1%。

表 9 – 5 列（4）~ 列（6）中列示了对公告日超额收益率经过对数化处理后的被解释变量 $\ln(1+CAR0)$ 影响因素的多元回归结果。无论是否添加控制变量，变量 *dum_asset* 的估计系数仍然显著小于 0，企业规模较小公司在公告日的超额收益更高；结果显示无论被解释变量公告日超额收益是否经过对数化处理，检验结果都与假设 H2 预期保持一致。

表 9 – 5 列（1）和列（4）中列示不添加控制变量的检验结果，其他各列则添加了控制变量。基于本章的具体研究目标——究竟有哪些公司层面因素会造成国家重点高新技术企业公告日市场价格反应的差异，我们添加了表现公司层面因素的控制变量，以考察究竟有哪些公司层面因素会影响国家重点高新技术企业公告日的超额收益。

无论对解释变量 *CAR0* 是否经过对数化处理，表 9 – 5 显示了控制变量不显著。例如，公司的负债水平对公告日的超额收益率没有显著影响，表明投资者不会简单认为负债较低公司得到火炬计划政策支持会给企业带来更大收益。同样，公司的年龄、盈利水平以及公司的成长性方面的因素，对公告日的超额收益率都没有显著影响。

上述结果表明除了企业规模之外，其他方面的公司特征因素并不能解释国家重点高新技术企业公告日的超额收益。表 9-5 的检验结果凸显出企业规模是解释公告日超额收益的主要因素，除进行上述检验外，我们还以营业收入的对数来重新划分企业规模，检验结论与表 9-5 仍然保持一致。

表 9-6 列（1）~列（3）中列示了对时间窗口［-10，10］的累计超额收益率 $CAR10$ 影响因素的多元回归结果，变量 $nonstate$ 的估计系数都显著为正，意味着相对于国有企业，非国有企业具有较高的累计超额收益，与假设 H3 预期一致。相对于国有企业已经获得政府、银行的较多支持，投资者认为非国有企业被认定为国家重点高新技术企业，将会缓解以往存在的金融歧视与融资约束问题，得到的边际收益相对较大。因此，在火炬计划政策实施期间，投资者对非国有企业的市场反应较国有企业更加积极。表 9-6 中的控制变量也大都不显著，公司的负债水平、盈利水平以及公司的成长性方面的因素，对时间窗口的累计超额收益没有显著影响。

表 9-6 列（4）~列（6）中列示了对时间窗口［-10，10］的累计超额收益 $CAR10$ 经过对数化处理后的被解释变量 $\ln(1+CAR10)$ 影响因素的多元回归结果，无论是否添加控制变量，变量 $nonstate$ 的估计系数都显著大于 0，非国有控股公司在公告日附近的累计超额收益更高，无论被解释变量累计超额收益 $CAR10$ 是否经过对数化处理，检验结果都与假设 H3 预期保持一致。

表 9-6 列（1）和列（4）中列示不添加控制变量的检验结果，其他各列则添加了控制变量。根据前人文献与本书的研究目标，表中添加了体现公司具体特征的其他控制变量。表 9-6 中的大部分控制变量不显著，例如，公司年龄 $\ln age$ 在列（2）和列（5）中不显著，在列（3）和列（6）中却在10% 水平上显著，对照的检验结果不一致。成长性指标 dum_grow1 在 10% 水平上显著，但是另一成长性指标 dum_grow2 不显著，对照的两种成长性指标的检验结果不一致。表 9-6 的检验结果凸显了企业产权性质是解释国家重点高新技术企业公告日前后长窗口累计超额收益的主要公司层面因素，检验结果既稳健又符合研究假设 H3 的预期。

表 9-6 　　对窗口 ［-10，10］的累计超额收益 *CAR*10 影响因素的多元回归结果

变量	(1)	(2)	(3)	(4)	(5)	(6)
	*CAR*10	*CAR*10	*CAR*10	$\ln(1+CAR10)$	$\ln(1+CAR10)$	$\ln(1+CAR10)$
dum_asset	0.003 (0.104)	-0.006 (-0.192)	-0.011 (-0.324)	0.002 (0.077)	-0.007 (-0.234)	-0.012 (-0.381)
nonstate	0.054 ** (2.085)	0.059 ** (2.083)	0.069 ** (2.435)	0.053 * (1.949)	0.058 * (1.983)	0.069 ** (2.36)
lnage		0.027 (1.205)	0.044 ** (2.109)		0.025 (1.055)	0.043 ** (2.055)
dum_lev		0.023 (0.760)	0.008 (0.227)		0.023 (0.821)	0.007 (0.225)
dum_roe			-0.009 (-0.305)			-0.009 (-0.351)
*dum_grow*1			0.040 * (1.857)			0.038 * (1.834)
*dum_grow*2			0.012 (0.473)			0.012 (0.514)
常数项	-0.062 ** (-2.354)	-0.138 ** (-2.139)	-0.207 *** (-2.967)	-0.066 ** (-2.384)	-0.136 ** (-2.058)	-0.208 *** (-2.963)
样本数	92	92	84	92	92	84

注：（ ）内为根据稳健标准误计算的 t 值；＊、＊＊、＊＊＊分别代表的显著性水平为 10% 、5% 、1% 。

9.5　研究结论与启示

在政府实施国家火炬计划的重要背景下，本章以事件研究法探讨了投资者对于上市公司被认定为国家重点高新技术企业公告的市场反应。与许玲玲、郑美春（2016）发现的非正向经验证据截然不同，我们对公告日超额收益率的研究结果表明，公告日的超额收益率显著大于 0，资本市场对国家火炬计

划扶持政策呈现积极正面的市场反应，投资者认为火炬计划扶持政策会使企业提高创新能力。相对于规模较大企业，规模较小企业在公告日具有更高的超额收益，这是因为火炬计划扶持政策会使得中小企业的研发融资约束问题得到较大缓解。对长时间窗口［－10，10］的累计超额收益的进一步研究还发现：相对于国有企业，非国有企业具有更高的累计超额收益，这是因为火炬计划扶持政策会使得非国有企业的研发融资约束问题得到较大缓解。

本章研究启示在于：第一，国家火炬计划为中小规模与非国有重点高新技术企业提供的资金信息市场人才等方面的支持，有利于缓解其所面临的研发融资约束、技术创新的人才约束与制度约束，资本市场对火炬计划政策扶持的重点高新技术企业给予积极肯定。火炬中心可以进一步明确对中小企业与非国有企业的政策扶持，明晰具体扶持措施。第二，思考如何进一步实施完善国家火炬计划政策，制定更加适合国有大型重点高新技术企业的创新激励机制。考虑到国有大型高新技术企业较少受到研发融资约束问题的困扰，为提高国有大型高新技术企业的创新效率，应该鼓励非上市国有重点大型高新技术企业通过 IPO 上市，借助资本市场监管的力量加强公司内部控制与治理结构建设，完善企业所有制结构和内在激励机制，加强公司董监高机构治理的制衡机制。第三，虽然短期内火炬计划扶持政策会使得国家重点高新技术企业的研发融资约束问题得到缓解，但还需要考虑进一步加强金融体制改革，帮助其他中小规模一般高新技术企业与非国有一般高新技术企业缓解面临的融资约束问题。一般高新技术企业是技术创新的主体，一般高新技术企业的研发投入是企业创新能力的形成基础。通过构建多层次金融市场体系改变当前直接融资和间接融资间的不合理结构，积极发展中小银行体系，充分激发资本市场活力，进一步缓解一般高新技术企业面临的研发融资约束问题。

9.6　本章小结

有观点认为高新技术企业认定中的不规范行为会造成国家税款流失与资

源错配，同时还降低了具有创新能力企业得到政策支持的机会，对资源配置有不利影响，会造成不利的市场反应。例如，许玲玲、郑春美（2016）研究高新技术企业认定公告的市场反应，发现当上市公司取得高新技术企业资格时，投资者并没有给予较高定价，其市场反应较差。

本章则是在国家实行火炬计划的政策背景下，以2009～2016年被认定为国家火炬计划重点高新技术企业的上市公司为样本，利用事件研究法考察资本市场对国家火炬计划扶持政策的市场反应。实证研究结果表明，投资者对火炬计划扶持政策呈现积极正面的市场反应，被认定为国家重点高新技术企业的上市公司在公告日有显著为正的超额收益；相对于大规模高新技术企业，中小规模重点高新技术企业在公告日有更高的超额收益。对较长时间窗口的检验还发现，相对于国有高新技术企业，非国有重点高新技术企业具有更高的累计超额回报。

第 10 章
研究结论与展望

10.1　核心研究结论

　　本书对高新技术企业在认定前后的会计信息质量问题展开研究。在研究过程中，为避免出现"盲人摸象"带来的片面性，我们根据实际具体情况从不同角度运用了不同研究方法展开研究。第 2 章、第 3 章与第 4 章是从三个不同视角对研发信息直接进行研究。第 2 章是从上市公司公开披露信息的视角研究其信息质量，这里的信息经过了会计师事务所的年报审计；第 3 章是从高新技术企业认定前研发费用专项审计视角考察其信息质量，这里的信息经过了认定前的专项审计；第 4 章是从高新技术企业认定后研发费用加计扣除专项审计视角考察其信息质量，这里的信息经过了研发加计扣除的专项审计。第 5 章从企业税收筹划视角解读高新技术企业初次认定前的向上费用操控问题，第 6 章则从高新技术企业认定制度视角解读了高新技术企业复审前的向上费用操控问题。第 7 章从高新技术企业认定制度视角解读了高新技术企业认定前的会计收入信息操控问题。第 8 章则从高新技术企业认定制度视角解读了高新技术企业复审前的会计研发强度指标操控问题及其对资源配置的影响。第 2 章运用了手工数据全面统计调查方法，第 3 章与第 4 章运用的是典型案例调查，第 5 章、第 6 章、第 7 章与第 8 章运用的是大样本实证研究的方法。

总体上，本书研究发现相关会计信息的规范性与可靠性存在问题。高新技术企业在通过认定取得高新技术企业资格前一年有显著向上的费用操控行为；相对于国有控股公司，非国有控股公司进行费用操控的动机更加强烈。高新技术企业政策推动了企业的研发行为，其中联合研发效果提高得快一些，独立研发效果呈现得慢一些。高新技术企业复审的会计操控行为并没有影响其认定后的研发行为、投资行为与企业成长性，上市高新技术企业认定过程中的逆向选择问题并不严重。

10.1.1 高新技术企业认定前后研发信息的规范性需要提高

高新技术企业认定前后研发信息存在的规范性问题主要包括：第一，会计信息披露视角的问题主要表现在：承载高新技术企业数值型研发信息的形式比较混乱、数值型研发信息披露比重较低、划分研究阶段与开发阶段的标准不明确。第二，研发费用辅助账与高新技术企业认定中研发费用情况归集表勾稽关系不清晰。第三，研发费用辅助账与可加计扣除研发费用情况归集表勾稽关系模糊。具体情况如下：

承载高新技术企业数值型研发信息的形式比较混乱——在资产负债表附注中数据披露的形式存在简单、明细与项目三种，形式各异的表格传递的研发信息迥然不同。会计科目名称不规范，研发数据的内容格式混乱。高新技术企业在管理费用附注中披露研发支出的科目有"三新"技术开发费、研究与开发费、产品研发费、研究开发费、技术提成费、研发及高新费及技术开发服务费等，而在现金流量表附注中披露研发支出的科目有"三新"技术开发费、技术开发费、研究开发费、科研开发支出及科技研发费等。不同的企业在附注中使用的科目名称不同，甚至同一企业在不同附注中使用的科目名称不统一。

（1）数值型研发信息披露比重较低。年报中披露数值型研发信息的高新技术企业比重明显低于选择文字进行披露的企业，即使在认定后，在董事会报告中仍然有超过 60% 的高新技术企业没有披露研发支出数值型信息；在资产负债表附注中仍然有 70.34% 的高新技术企业没有披露研发支出数值型信息；在利润表和现金流量表附注中没有披露研发支出信息的高新技术企业超过占70%。

（2）划分研究阶段与开发阶段的标准不明确。高新技术企业研发支出的会计处理既可以选择资本化也可以选择费用化，关键在于划分研发阶段与开发阶段的具体标准和资本化与费用化的具体标准。只有0.76%的企业披露了划分研究与开发阶段的具体标准，其他99%的企业只是重复会计准则的一般标准，这种模糊的划分会留给企业较大的盈余操纵空间。管理层可以通过加大资本化、虚减费用以夸大利润，也可以通过加大费用化以降低利润。

（3）研发费用辅助账与高新技术企业认定研发费用情况归集表勾稽关系不清晰。对X公司研发费用专项审计的审计工作底稿进行研究，发现管理费用和销售费用总额少于研发支出费用化总额。这至少意味着该企业财务人员在核算研发支出时，并没有按照准则规定将费用化研发支出金额结转到管理费用中，并没有设置单独的研发费用辅助账簿来进行会计核算。由于该企业没有恰当设置研发费用辅助账簿来核算研发费用，造成企业无法根据会计账簿归集汇总研发费用，导致研发费用辅助账与高新技术企业认定研发费用情况归集表勾稽关系不清。

（4）研发费用辅助账与可加计扣除研发费用情况归集表勾稽关系模糊。对Y公司研发费用加计扣除专项审计的审计工作底稿进行研究，主要发现可加计扣除的研发费用情况归集表4-5与辅助余额表4-4的合计数虽然相等，但是两表之间具体费用之间的勾稽关系不清晰。由于企业研发费用的会计核算具体方法与可加计扣除的研发费用归集表之间的内在逻辑架构不一致，导致会计核算与加计扣除中研发费用的具体费用数值脱节。只要两者之间具体研究费用的基本逻辑架构不一致，企业就不可能根据会计核算的信息直接导出纳税申报中的可加计扣除的研发费用。因此，未来至少应该对底层的企业研发费用信息会计核算具体方法进行改善，以保证会计核算与可加计扣除研发费用归集表的内在逻辑保持概念结构一致性，以帮助企业减少编表负担与差错。

10.1.2　高新技术企业认定前后研发信息的可靠性需要提高

认定前后研发信息存在的可靠性问题主要表现在：第一，会计信息披露视角的研发信息可靠性问题主要表现在研发数据内在对应的核算关系无法验证、研发信息披露内容少且部分企业存在明显错误。第二，研发费用专项审计中对于某一项费用是否与研发活动相关大多依赖于注册会计师的主观判断。第三，研发费用专项审计中审计证据不充分。第四，研发费用专项审计中审计风险较高。第五，企业在认定前一年有显著向上异常费用。第六，企业在复审前一年有显著向上异常费用。

（1）研发数据内在对应的核算关系无法验证。根据数据的对应关系，高新技术企业的研发支出总额应当等于其资本化与费用化金额的合计数，在董事会报告中高新技术企业当期的资本化金额应当与资产负债表附注中开发支出的当期资本化金额一致。通过对比与筛选发现只有极少的上市高新技术企业同时披露了这些数值型信息，但数据内在对应的核算关系却无法验证。

（2）研发信息披露内容少且部分企业存在明显错误。大部分高新技术企业在报表中选择较少的章节进行披露，一些公司资产负债表附注中只披露了界定研究与开发阶段的会计政策。从披露的具体内容来说，基本都忽略披露研发项目的劣势、当前面临的风险和研发失败的具体情况。样本中部分企业披露存在明显错误，费用化的研发支出期末本来应当结转到管理费用科目，再将管理费用在会计期末进行结账，但有公司将本应该全部费用化的研究支出在会计期末不结转到管理费用，留有年末余额。

（3）研发费用专项审计过程中审计师审计判断的主观性较强。我们在访谈中发现，囿于专业背景与审计成本约束，审计师只能通过主观来判断某一项费用与研发活动是否相关。例如，在研发人员人工费的归集中，对于研发人员范围确定以及研发人工费的归集存在以下需要审计师判断的问题：如果企业的管理层，除了参与企业管理活动外，也参与研发工作，如何将其薪酬计入研究开发活动。当研发项活动涉及多个部门，甚至多个企业，人员人工应当如何归集和分配。有企业为了达到增加研发费用总额的目的，将研发项目立项书中未列示的管理人员与生产人员的薪酬计入研发人员人工。对 X 公司高新技术企业认定过程中需要的研发支出专项审计案例进行研究，发现审计证据不足以说明计入研发费用人工费的职工确实为该公司的研究开发人员。另外，考虑到企业存在人员的流动性以及用料界定的模糊性，注册会计师难以核查与判断直接材料是否确实用于研发过程中。

（4）研发费用专项审计中审计证据不充分。对 X 公司研发费用专项审计的审计底稿进行研究，发现审计师在对研发费用总额中占比最高的研发人员工资执行审计工作时获取了一定的审计证据，但审计证据不充分。审计师没有说明审计前后出现不一致金额的具体原因。对 Y 公司研发费用加计扣除的专项审计案例进行研究，我们发现项目 Y1 的辅助余额表和可加计扣除研究开发费用情况归集表的费用化研发支出总额相同，但是项目 Y1 的辅助明细账中所列示的会计项目无法在归集表中体现出来，项目 Y1 的辅助明细账与研究开发费用情况归集表的内部项目没有勾稽关系，在工作底稿中也没有反映归集表中各项目的金额是如何审核的。

（5）研发费用专项审计中审计风险较高。研发费用的专项审计工作需要审计人员与具备专业背景的科技专家合作，才能做出客观的审计判断，仅仅依赖审计师的主观判断很难做出合理的审计推断，我们与一位参与过上百家高新技术企业认定过程中研发费用专项审计的事务所审计师进行访谈，发现实际工作中的审计师很少聘请科技专家参与审计过程，审计师主要依靠主观判断来进行审计推断，研发费用的专项审计带有太强的主观判断色彩增加了难以规避的审计风险。我们通过访谈发现，基于规避审计风险目的，一部分较大规模事务所出于规避审计风险等方面的原因不愿意承接研发费用专项审计业务，一些大型事务所目前已停止接受与研发相关的专项审计工作。

（6）企业在认定前一年有显著向上的异常费用。对上市高新技术企业的费用操控行为进行大样本实证研究，发现在通过认定取得高新技术企业资格前一年相关企业有显著向上的费用操控行为。相对于国有控股公司，非国有控股公司进行费用操控的动机更加强烈。此外，我们还发现高新技术企业在通过高新技术企业资格认定前一年会更少地将开发支出资本化。实证结果一致表明，在通过高新技术企业资格认定前一年有相关企业会通过向上操控费用项目以达到避税目的。

（7）企业在复审前一年有显著向上的异常费用。对在复审过程中的上市高新技术企业进行大样本实证研究，发现在高新技术企业资格存续期最后一年的高新技术企业有显著向上的费用操控；与国有控股公司相比，非国有控股公司在高新技术企业复审前一年有更强动机进行向上费用操控；没有充分证据表明未充分披露研发信息公司有更强动机进行向上费用操控。这表明，高新技术企业认定制度与控制权性质都会影响企业的费用操控行为。

10.1.3 高新技术企业认定前后研发信息质量问题的成因

国家采用财税政策支持企业创新的动因在于以下两点：首先，外部性问题会导致企业研发投入不足；企业的创新行为具有外部性与知识溢出效应，企业自身的创新行为能使其他企业受益，导致企业更愿意"搭便车"，而不愿意自身花费成本投入研发活动。因此，罗默（Romer，1990）认为政府补贴企业研发行为可以促进经济增长与社会福利。其次，国家之间客观上存在着吸引更好研发资源与科技人才的潜在竞争，这需要通过国家财税政策来增强国家优势科技产业的核心竞争力，我国相关部门设计了对高新技术企业进行研发补贴的税收优惠政策以支持创新。

政府与企业之间的信息不对称导致政府相关部门不能直接观测到企业的创新能力，相关部门只能根据企业提交的信息来判断企业创新能力（即进行高新技术企业认定），高新技术企业认定制度是国家相关部门遴选有创新能力企业的重要制度安排。企业在认定过程中提交的信息包括会计与非会计层面的信息，国家相关部门会设置相关指标来甄别高新技术企业。会计信息与非会计信息是企业内部信息，前者容易受到操控，后者操控相对难一些。

解释会计舞弊动因的过程中形成了若干会计舞弊理论，例如，冰山理论、三角形理论、GONE 理论与风险因子理论。其中，GONE 理论从"贪婪""机会""直接需要""暴露的损失"四个因素解释舞弊行为。GONE 理论与经济学的分析方法较为相似，是从资源配置角度理解企业的会计舞弊行为。

下面我们融合经济学基本原理与 GONE 理论来解释为何高新技术企业在认定前会倾向于操控相关会计信息。参加高新技术企业认定的企业是理性经济人（"贪婪"），该企业会对高新技术企业税收优惠的激励做出反应，面临着是否采取会计操控行为的权衡。高新技术企业税收优惠改变了该企业会计操控行为的边际收益，该企业是否采取会计操控行为取决于其会计操控行为的边际收益与边际成本。例如，当该企业的非会计信息指标已达标，仅仅会计指标中的研发强度指标未达到门槛值，那么该企业对强度指标达到门槛值有"直接需要"。此时该企业向上操控会计信息的边际收益很大，通过会计操控行为通过高新技术企业认定能够使得企业净利润至少增加13%以上。

会计操控行为"暴露的损失"是企业采取会计操控行为边际成本的来源之一。对高新技术企业认定过程中造假行为的处罚只是企业未来几年不得申请高新技术企业资格；对中介机构的处罚也只是未来几年内不得从事该类型专项审计。惩罚力度轻无法起到相应警示作用与震慑作用，这些因素意味着企业会计操纵行为"暴露的损失"较低。其次，企业采取会计操控行为的边际成本还来源于会计人员调整相关会计资料的操控成本（"机会"）；会计人员调整相关会计信息的"机会"越多，会计人员的会计资料操控成本越低。

我们在第2章讨论了研发信息的披露载体主要集中在董事会报告和年报附注两个部分，高新技术企业研发信息披露规范性不足以及可靠性需要提高。第3章中对现实中关于研发费用范围归集的争议问题进行讨论，例如，参与研发的管理人员的人工费用，既用于生产也用于研发活动固定资产的折旧费用，存在是否应当归集以及如何归集为研发支出的问题。第4章指出直接材料投入是否应当归属于研发费用等具体审查需要较多主观判断，"李代桃僵"地向上操控研发费用行为不易被发现。这些诸多因素都意味着现实会计实务中存在着研发支出信息操控的诸多潜在"机会"，导致会计人员的会计资料操纵成本较低。

综上所述，为通过高新技术企业认定，企业有达到会计指标门槛值的"直接需要"，企业向上操控会计信息的边际收益很大。与此同时，会计人员操控相关会计信息的"机会"较多，会计人员的会计资料操控成本较低；会计操纵行为的惩罚力度轻，导致企业"暴露的损失"较低。因此，企业会计操控行为的边际成本较低。拟认定企业会计操控行为的边际收益远大于其边际成本，企业倾向于操控相关会计信息。

10.1.4 高新技术企业认定前会计信息质量问题的经济后果

为考察高新技术企业认定前会计信息质量问题对资源配置的影响，我们选择研究样本为连续通过两次认定并享受所得税优惠的企业。取得高新技术企业资格的企业与政府发生了两次博弈的过程——初次参加高新技术企业认定与参加复审认定；初次参加认定与复审参加认定的企业对所得税的税率预期完全不同。初次参加认定企业的预期是从税率 25% 变更到可能的低税率 15%（如果通过认定），而再次参加认定企业的预期是从正在享受的低税率 15% 变更到可能的高税率 25%（如果没有通过复审）。

根据税收筹划的原理，当企业预期从所得税高税率 $H\%$ 变更到预期的低税率 $L\%$ 时，它可以选择通过应计会计操控或者真实操控的手段，提高认定前的各项费用金额 A，企业的期望节税收益为 $A \times (H\% - L\%)$。反之，当企业预期是从所得税的低税率 $L\%$ 变更到预期的高税率 $H\%$ 时，它可以通过应计会计操控或者真实操控的手段，向下削减复审前的各项费用金额 A，企业的期望节税收益为 $A \times (H\% - L\%)$。

我们考察了高新技术企业复审前的会计操控行为，发现高新技术企业在复审前一年会为了通过研发强度门槛而向上操控研发强度；通过研究我国高新技术企业认定政策的经济后果，发现高新技术企业政策推动了企业研发行为。高新技术企业在认定后的研发行为得到显著提高，其中独立研发效果提高得慢一些，联合研发效果呈现得快一些。高新技术企业认定前的信息不对称并未造成认定后的道德风险行为——被认定企业不重视研发投入，因为我国高新技术企业制度设计上有其科学性的一面，这表现在三年一轮回的重复博弈的竞争性的制度设计。

我们研究还发现了复审前的会计操控行为并没有影响认定后的研发效果、投资行为与企业成长性，这暗示着高新技术企业认定过程中的逆向选择问题并不严重。这是因为，在认定前不仅需要企业提供会计信息，还需要企业提供非会计信息以证明其研发能力。企业在复审前一年向上操控研发强度指标，可能是因为现有高新技术企业认定制度对研发强度门槛"一刀切"，但现实世界不同行业之间的研发强度原本就有所不同。

研究得到的启示有：税收的激励政策与竞争性重复博弈的制度设计能够促进企业科技创新，其中在制度设计上，当会计信息较容易受到操控时，充分结合不容易被操控的非会计信息能减少高新技术企业认定过程中的逆向选择行为。竞争机制的设计与三年一轮回的重复博弈，造成企业将选择研发投入视为可置信的威胁，能减少了高新技术企业认定后的道德风险行为。

10.1.5　其他结论

鉴于《高新技术企业认定管理办法》认定条件规定高新技术企业的"高新技术产品（服务）收入占企业当年总收入60%以上"，我们还实证检验高新技术企业认定过程中的收入信息质量，发现取得高新技术企业的母公司在认定前有更激进的收入确认。我们认为可以通过增值税发票查验系统加强对高新技术产品（服务）收入的核查与监管。

有观点认为高新技术企业认定中的不规范行为不仅造成国家税款流失与资源错配，同时还降低了具有创新能力企业得到政策支持的机会，对资源配置有不利影响，会造成不利的市场反应。前人研究高新技术企业认定公告的市场反应，发现了当上市公司取得高新技术企业资格时，投资者并没有给予较高定价，其市场反应较差。

我们则考察了国家火炬计划公告的市场反应，以2009~2016年被认定为国家火炬计划重点高新技术企业的上市公司为样本，利用事件研究法考察资本市场对国家火炬计划扶持政策的市场反应。实证研究结果表明，投资者对火炬计划扶持政策呈现积极正面的市场反应，被认定为国家重点高新技术企业的上市公司在公告日有显著为正的超额收益；相对于大规模高新技术企业，中小规模重点高新技术企业在公告日有更高的超额收益。对较长时间窗口的检验还发现，相对于国有高新技术企业，非国有重点高新技术企业具有更高的累计超额回报。

10.2　拟参与高新技术企业认定企业
　　　如何提高研发信息规范性

10.2.1　拟参与高新技术企业认定企业提高研发信息规范性的
　　　　会计举措

随着税收监管的加强，拟参与高新技术企业认定的企业需要提高研发信息的规范性。拟参与高新技术企业认定的企业需要准备财务会计资料，其中的关键之处在于改善与规范对研发会计信息的核算方法和信息披露，使存在紧密联系的三种类型研发费用数据之间具有清晰的数据勾稽关系。具体做法包括：

10.2.1.1 企业必须将研发费用设置为一级会计科目与利润表会计项目

2018 年以前企业的研发费用被包含在管理费用中，但 2018 年之后的会计准则已将研发费用单独设置纳入利润表。因此，拟参与高新技术企业认定的企业首先需要将利润表中管理费用中的研发费用会计项目剥离出来，将研发费用设置为一级会计科目与利润表会计项目。

10.2.1.2 结合行业标准披露研究阶段与开发阶段具体区分标准

由于会计处理中研究阶段与开发阶段自主划分的主观性较强，研究阶段和开发阶段的区分标准不明确，高新技术企业可运用会计政策选择来操纵利润。因此拟参与高新技术企业认定的企业应该明确其具体区分标准。企业应该根据行业研发活动的共同特征来进行区分标准划分，必须明确研究阶段与开发阶段的具体区分标准，以提高研发信息会计数据的可理解性与可比性。

10.2.1.3 设置"研发支出"四级明细会计科目与四种"研发支出"明细账

为便于后续企业的研发费用归集，企业在具体会计核算中应设置"研发支出"四级明细会计科目与四种研发支出明细账。首先，必须要求将发生的研发费用通过"研发支出"的借方会计科目归集。其次，将"研发支出"的二级明细科目根据具体研发项目编号设置。最后，将"研发支出"的三级科目按照下面几种具体费用项目设置：委托研发费用、直接投入费用、人员人工费用、折旧费用、无形资产摊销、新产品设计费用与其他相关费用。此外，将"研发支出"的四级明细科目设置为"研究阶段""开发阶段（资本化）""开发阶段（费用化）"三个明细科目进行会计核算。

根据具体研发项目编号容易得知研发支出的账簿类型：自主研发明细账、合作研发明细账、集中研发明细账、委托研发明细账。此时研发支出账簿体系就包括四种形式的研发支出明细账与研发支出汇总表。四种形式的研发支出明细账分别是：自主研发"研发支出"明细账、委托研发"研发支出"明细账、合作研发"研发支出"明细账与集中研发"研发支出"明细账。

10.2.1.4　期末将"研发支出"汇总结转或留存

当期期末（或月末）汇总当期"研发支出"。当期不需要资本化的"研发支出"，当"研发支出"的四级明细科目为"研究阶段"与"开发阶段（费用化）"时，将"研发支出"当期发生额结转到"研发费用"；当期需要资本化的"研发支出"，即当"研发支出"的四级明细科目为"开发阶段（资本化）"时，将其在研发支出科目内留存或结转到相关资产科目。

10.2.1.5　按照上面方法设置账簿管理体系的优点———会计核算中的勾稽关系清楚

按照上述方法设置明细科目与研发支出账簿管理体系，不仅能够提高研发费用信息的透明度与规范性；更重要的是，整个研发费用的归集就能科学地自动建立起来。按照上述方法设置账户，企业在会计核算中是遵循研发数据的下列两个勾稽关系进行会计核算。当企业遵循下列两个勾稽关系时，它的具体会计核算的总括信息就会非常清晰地呈现出来，将会为后续归集研发费用带来很大的便利。

勾稽关系一：当期研发支出发生额＝当前研究支出发生额＋当前开发支出发生额。

勾稽关系二：期初开发支出总额＋当期开发支出发生额－当期开发支出费用化－当期开发支出转入资产类科目＝期末挂账的开发支出余额。

10.2.1.6　按照上面方法设置账簿管理体系的优点二———容易建立研发费用辅助账与高新技术企业认定中研发费用汇总数字之间的勾稽关系

高新技术企业认定中需要提供研发信息，是为了计算企业研发强度，需要根据《高新技术企业认定管理办法及指引》计算当期实际发生的研发支出。依上述方法进行核算，日常会计核算中能够将研发费用按照归集表自动归集，会计核算与后续高新技术企业认定中研发信息的提供会存在非常清晰的内在勾稽关系，是根据当期"研发支出"科目的借方发生额进行归集计算，不受当期研发支出资本化费用化政策影响。于是我们可建立如下勾稽关系：

高新技术企业认定中归集的研发费用 = 当期研发支出发生额 = 当前研究支出发生额 + 当前开发支出发生额 = 会计核算中当期"研发支出"科目的借方发生额

可以注意到，如表 3 - 1 所示。会计核算与高新技术企业认定中研发费用的归集存在差异，主要表现在合作与委托费、其他费用两项。高新技术企业认定中其他费用不得超过研发费用总额的 20%，会计核算中对合作与委托费没有具体限制。高新技术企业认定中合作与委托费委托境外发生费用不得高于 40%。其他费用会计核算没有具体限额规定；高新技术企业认定规定不得超过 20% 限额。因此，如果会计核算中将不合规的其他费用、合作与委托费计入研发支出，高新技术企业认定中需要将其剔除。

高新技术企业认定中归集的研发费用 = 会计核算中当期"研发支出"科目的借方发生额 - 高新技术企业认定中需要剔除的项目（例如，合作与委托费、其他费用等不合规的部分）

10.2.1.7 按照上面方法设置账簿管理体系的优点三——容易建立研发费用辅助账与加计扣除中研发费用汇总数字之间的勾稽关系

加计扣除中需要提供研发信息，是为了计算企业应税所得，需要根据税法计算当期可抵扣的研发费用。依上述方法进行核算，日常会计核算中能够将研发费用自动归集，会计核算与加计扣除中研发信息的提供会存在非常清晰的内在勾稽关系，是根据当期"研发支出"科目结转到"研发费用"的金额进行归集计算，会受当期研发支出资本化费用化政策影响。本质上，就建立起如下勾稽关系：

加计扣除中归集的研发费用 = 会计核算中当期"研发费用"借方发生额 = 当前研究支出发生额 + 当期开发支出费用化金额

可以注意到，如表 3 - 1 所示，可以注意到，会计与税法研发费用的规定在具体项目上有细微差异。会计核算与加计扣除中研发费用的归集差异主要表现在研发相关房屋的租赁费用、与研发相关的房屋折旧费、是否包括委托境外研发所发生的费用、其他费用四项。例如，在计算加计扣除中的研发费用总额时，用于研究开发活动的房屋租赁费不计入加计扣除范围。另外，加计扣除政策中对其他相关费用总额有 10% 比例限制。

加计扣除中归集的研发费用＝会计核算中当期"研发费用"发生额－税法规定不可加计扣除的当期"研发费用"（例如，与研发相关的房屋租赁费用、与研发相关的房屋折旧费用、委托境外研发所发生的费用、其他费用中超标的金额等）。

10.2.2　企业要注意区分高新技术企业认定与加计扣除中研发费用的具体外延

高新技术企业认定与加计扣除中研发费用的具体外延与提供形式不同。仔细分析表 3 - 1，比较高新技术企业认定与加计扣除中研发费用的具体外延，发现两者差异集中在四个具体项目，与研发相关房屋的租赁费用、与研发相关房屋的折旧、委托境外发生费用、其他费用中的限额规定。除此之外，两者研发费用的外延基本相同。这是由于在实践中，前者由科技部的高新技术企业认定管理工作指引具体规定的，而后者是财税部门的相关公告具体规定的。在信息提供形式上，加计扣除中需要提供的《研发费用加计扣除优惠明细表》（与表 4 - 1 类似），高新技术企业认定提供的研发费用表格类似于表 3 - 2，两表形式不同。前者具体而清晰，后表概括而抽象，前者对后者进行了格式简化。高新技术企业认定与加计扣除中研发费用的具体外延、提供形式不同，为企业这两类研发信息的提供带来了负担。我们提出下面两点，可大幅减轻企业编制上述两表的负担。

10.2.2.1　统一高新技术企业认定与加计扣除中研发费用的具体外延与提供形式

如何统一高新技术企业认定与加计扣除中研发费用的具体外延，通过分析表 3 - 1 中高新技术企业认定与加计扣除中研发费用的具体外延，发现两者差异集中在四个具体项目，与研发相关房屋的租赁费用、与研发相关房屋的折旧、委托境外发生费用、其他费用中的限额规定。高新技术企业认定中承认与研发相关房屋的租赁费用与房屋折旧费，但纳税加计扣除中不认可。

2018 年后纳税加计扣除中的研发费用包括委托境外发生费用，但高新技术企业认定中的委托境外发生费用不高于总研发费用的 40%。高新技术企业认定规定其他费用不得超过 20% 限额，加计扣除中其他费用规定不得超过 10% 限额。

首先，需要统一高新技术企业认定与加计扣除中研发费用的外延，如表 10 - 1 所示，使得两者外延保持一致。第一，我们认为高新技术企业认定中也不应当承认与研发相关房屋的租赁费用与房屋折旧费；这是因为该两个项目容易被企业操控，乃至对周边居民环境产生不利影响。例如，如果高新技术企业认定中承认与研发相关房屋的房屋折旧费为研发费用，某企业只需要将企业研发实验室从某偏远地区转移到一线城市的二环地区，就可以改变研发费用。这样政策导致的经济后果是企业将研发实验室从房价低的地区转移到大城市，可是并非所有的实验室都适合设置在大城市的高房价地区。第二，我们认为既然 2018 年后纳税加计扣除中的研发费用包括委托境外发生费用；因此高新技术企业认定中的委托境外发生费用不高于总研发费用的 40% 的规定也可以取消，这能促进企业委托境外的高水平研究中心与机构展开高水平研发。第三，我们认为可以将加计扣除中其他费用规定不得超过 10% 限额增加到 20%，与高新技术企业认定规定其他费用不得超过 20% 限额保持一致。这种细微的比例改变与当前要求财政政策要更积极，聚焦减税降费调结构以促进实体经济、加强自身修炼以应对国际贸易冲突的经济政策相一致。

表 10 - 1　　如何统一高新技术企业认定与加计扣除中的研发费用外延

项目	高新技术企业认定、加计扣除中研发费用	
	两者外延不同之处	两者外延如何改变
人员人工费	外延一致	无须改变
直接投入费	加计扣除研发费用中不包括相关房屋的租赁费用，高新技术企业认定中可以包括与研发相关房屋的租赁费用	高新技术企业认定中也不可以包括与研发相关房屋的租赁费用
折旧费与长期待摊费用	加计扣除研发费用中不包括房屋的折旧，高新技术企业认定中可以包括与研发相关房屋的折旧	高新技术企业认定中也不可以包括与研发相关房屋的折旧
新产品设计费等	外延一致	无须改变

项目	高新技术企业认定、加计扣除中研发费用	
	两者外延不同之处	两者外延如何改变
无形资产摊销	外延一致	无须改变
装备调试费和试验费用	外延一致	无须改变
合作与委托费	高新技术企业认定中境内费用不低于60%，委托境外发生费用不高于40%。加计扣除中不包括委托境外进行研发活动所发生的费用。但《财政部 税务总局 科技部关于企业委托境外研究开发费用税前加计扣除有关政策问题的通知》决定自2018年取消企业委托境外研发费用不得加计扣除限制	取消"高新技术企业认定中境内费用不低于60%，委托境外发生费用不高于40%"的限制
其他费用	高新技术企业认定规定不得超过20%限额，加计扣除中规定不得超过10%限额	将加计扣除中规定限额也修改为不得超过20%限额

10.2.2.2 简化上述两表的编制为一表

从长期看，高新技术企业认定中企业归集的研发支出之和一定与企业加计扣除中的研发费用之和相等。因此，在上述表10-1统一两种研发费用外延的基础上，《高新技术企业认定管理办法工作指引》中的研发费用归集表无须特别规定，只需要对《研发费用加计扣除优惠明细表》进行细微修改，按照表10-2列示即可。此时只需要编制一张表就可以满足企业的两种需求（高新技术企业认定与纳税申报），会大幅度减轻企业编表负担，方便企业具体实施。

表10-2中对《研发费用加计扣除优惠明细表》中的36行的计算进行了修改，原表为［(37-38)×80%］，修改后的36行根据《财政部 税务总局 科技部关于企业委托境外研究开发费用税前加计扣除有关政策问题的通知》修改为37×80%。纳税中可加计扣除研发费用数字总额为第50行，它逻辑上等于（研发费用本年费用化金额+本年与以前年度形成无形资产的本年摊销额-特殊收入部分-当年及以前年度销售研发活动直接形成产品对应材料

部分结转金额）×加计扣除比例。

表 10 – 2 两张表如何简化为一张表

行次	项目
3	一、自主研发、合作研发、集中研发（4 + 8 + 17 + 20 + 24 + 35）
4	（一）人员人工费用（5 + 6 + 7）
5	1. 直接从事研发活动人员工资薪金
6	2. 直接从事研发活动人员五险一金
7	3. 外聘研发人员的劳务费用
8	（二）直接投入费用（9 + 10 + … + 16）
9	1. 研发活动直接消耗材料
10	2. 研发活动直接消耗燃料
11	3. 研发活动直接消耗动力费用
12	4. 用于中间试验和产品试制的模具、工艺装备开发及制造费
13	5. 用于不构成固定资产的样品、样机及一般测试手段购置费
14	6. 用于试制产品的检验费
15	7. 用于研发活动的仪器、设备的运行维护、调整、检验、维修等费用
16	8. 通过经营租赁方式租入的用于研发活动的仪器、设备租赁费
17	（三）折旧费用（18 + 19）
18	1. 用于研发活动的仪器的折旧费
19	2. 用于研发活动的设备的折旧费
20	（四）无形资产摊销（21 + 22 + 23）
21	1. 用于研发活动的软件的摊销费用
22	2. 用于研发活动的专利权的摊销费用
23	3. 用于研发活动的非专利技术（包括许可证、专有技术、设计和计算方法等）的摊销费用
24	（五）新产品设计费等（25 + 26 + 27 + 28）
25	1. 新产品设计费
26	2. 新工艺规程制定费
27	3. 新药研制的临床试验费

续表

行次	项目
28	4. 勘探开发技术的现场试验费
29	（六）其他相关费用（30 + 31 + 32 + 33 + 34）
30	1. 技术图书资料费、资料翻译费、专家咨询费、高新科技研发保险费
31	2. 研发成果的检索、分析、评议、论证、鉴定、评审、评估、验收费用
32	3. 知识产权的申请费、注册费、代理费
33	4. 职工福利费、补充养老保险费、补充医疗保险费
34	5. 差旅费、会议费
35	（七）经限额调整后的其他相关费用
36	二、委托研发（37 × 80%）
37	委托外部机构或个人进行研发活动所发生的费用
38	其中：委托境外进行研发活动所发生的费用
39	三、年度研发费用小计（3 + 36）
40	（一）本年费用化金额
41	（二）本年资本化金额
42	四、本年形成无形资产摊销额
43	五、以前年度形成无形资产本年摊销额
44	六、允许扣除的研发费用合计（40 + 42 + 43）
45	减：特殊收入部分
46	七、允许扣除的研发费用抵减特殊收入后的金额（44 − 45）
47	减：当年销售研发活动直接形成产品（包括组成部分）对应的材料部分
48	减：以前年度销售研发活动直接形成产品（包括组成部分）对应材料部分结转金额
49	八、加计扣除比例
50	九、本年研发费用加计扣除总额（46 − 47 − 48）× 49
51	十、销售研发活动直接形成产品（包括组成部分）对应材料部分结转以后年度扣减金额（当 46 − 47 − 48 ≥ 0，本行 = 0；当 46 − 47 − 48 < 0，本行 = 46 − 47 − 48 的绝对值）
52	十一、高新技术企业认定中的研发费用数值（29 − 45 − 47 − 48）

从本质上看，高新技术企业认定中，在计算研发强度时，企业当年研发支出为企业当年实际发生的研发支出，它不会受企业会计政策影响。因此，高新技术企业认定中需要每年的研发费用数字等于：表 10 - 2 的第 39 行表示企业当年实际发生的"年度研发费用小计"扣减第 45 行"特殊收入部分"第 47 行与第 48 行中"当年销售研发活动直接形成产品对应材料部分""以前年度销售研发活动直接形成产品对应材料部分结转金额"的余额。我们在表 10 - 2 中增加第 52 行直接计算高新技术企业认定中需要的研发费用数字即可，无须企业再另行编表。

10.2.2.3　将研发信息的核算与不同用途研发信息的归集嵌入会计电算化等信息系统与税务部门的研发信息管理系统

在上述表 10 - 2 中，我们将两个研发费用数字的界定统一在一张表。在未来的实践中，财税部门与科技部门只要明确公示上述具体会计核算方法，统一两种研发费用的外延（见表 9 - 1）、两种研发费用的披露方法（见表 9 - 2）。相关信息化企业与政府部门就很容易将研发信息的核算与三种不同用途研发信息的归集嵌入信息管理系统，例如，会计电算化等信息系统与税务部门的研发信息管理系统。它将为企业核算与研发信息自动归集带来直接便利，尤其会帮助减少中小企业的编表负担，也为税务部门后续的稽查带来便利。

10.3　如何提高高新技术企业认定前后研发信息的可靠性

为提高高新技术企业认定前后研发信息的可靠性，不仅要求拟认定企业对研发支出的会计核算必须按照上述规范性要求进行核算，还需要加强各方面监控与审查研发信息的执行力度。具体做法包括：第一，加强对高新技术企业研发支出信息披露的约束。第二，审计人员在加计扣除与高新技术企业认定研发费用专项审计工作中，针对审计重点与难点需要获取充分审计证据。第三，强化研发支出专项审计的审计责任。第四，加强税务核查与税收征管。具体阐述如下：

（1）加强对高新技术企业研发支出信息披露的约束。财税部门、证券监管部门与科技部门需要进一步完善研发信息披露要求的规定、强化相关部门对研发信息披露行为的约束，借此提高高新技术企业的研发信息质量，改善并实现研发信息披露的规范性；另外，对于研发信息披露较好企业给予相应的信息披露考核得分，对于未按照准则与规定进行披露的企业要给予监管批评与处罚，以促进企业准确披露全面规范的研发信息。

（2）审计人员在加计扣除与高新技术企业认定研发费用专项审计工作中，针对审计重点与难点需要获取充分审计证据——注册会计师应当在实施风险评估程序的基础上，在内控测试的基础上设计和实施进一步的审计程序，在开展研发费用专项审计的各个环节，保持谨慎态度，针对审计人员需要较多主观判断的审计重点，开展恰当的实质性分析程序与细节测试，以获取适当、充足的审计证据。

（3）强化研发支出专项审计的审计责任。应强化鉴证机构会计师事务所在高新技术企业资格认定以及研发费用加计扣除纳税申报中的审计责任，强化执行高新技术企业纳税申报过程中研发费用专项审计，不仅需要严惩通过不实、舞弊等手段脱逃税款的企业，同时也必须加大对鉴证机构的惩罚力度。

（4）加强税务核查与税收征管。税收征管部门需要对备案的研发费用信息加强税务核查，还可以运用信息技术加强对高新技术企业费用数据的核查工作，例如，可以运用本书方法计算异常费用，并借鉴 IT 审计方法（如班佛定律）对异常研发数据进行筛选，并在数据筛选的基础上进行研发费用的信息质量检查。

10.4 加强对高新技术企业认定中科技成果成熟度和创新性的评估

我们发现相对于非高新技术企业，高新技术企业在通过复审后研发效果有显著提高，但企业成长性与投资行为无显著变化。这在一定程度上反映了我国上市公司科技成果的转化率不高或转化不及时，没有显著推动企业价值与投资行为的增长。科技成果不能及时转化为生产力，一方面是因为成果没有达到可以向生产转化的成熟度，另一方面是因为科技成果的创新度不够。例如，一款重磅创新药的研发、临床试验到最后产品化通常都需要花费十多年的时间。

企业科技成果的成熟度与创新性不高导致我国科技成果转化率不高，背后的原因值得深思。我们在调研中发现一些技术咨询机构会帮助申报企业在较短时间内取得某些技术含量不高的专利，这些专利技术的成熟度较低，远未达到可以马上投入生产的标准。考察此类专利技术取得的动机与过程，不难预见这些成果转化为直接生产力的成果转化率不高。

因此，在高新技术企业认定过程中，要重视对科研成果成熟度的评价。对不同成熟度的科研成果在认定时专家应当赋予不同的权重。能直接投入生产成熟度高的科技成果应该被赋予较高的权重，不能达到生产投入要求的还需要二次开发成熟度低的应用技术应当被赋予较低权重。在现阶段，可以通过企业将新技术投入生产过程的程度来判断应用科技成果的成熟度。

在高新技术企业认定过程中，还要重视对科研成果创新性的评价。科研成果的创新会表现在理论创新或应用创新，理论创新表现在该科研成果能加深或拓展对未知领域的潜在认识；理论创新可以通过相关领域专家匿名评审来判断其创新性。对于大部分企业而言，其科技成果大多不是集中在理论创新，而是应用创新。在现阶段，不仅可以运用科技查新来判断应用技术的创新性，还可借助专利分析系统进行评价，该系统的检索、分析与评估功能能够实现对应用技术的创新性评估。

10.5 本书研究的不足

本书缺乏从税务征管部门角度对高新技术企业研发支出的典型案例分析。本书研究来自实践中的调研，在研究问题的过程中，为避免出现"盲人摸象"带来的片面性，我们从不同角度考察研究事物。已有的第 2 章、第 3 章与第 4 章是从三个不同视角对研发信息进行了研究。第 2 章是从上市公司公开披露信息的视角研究其信息质量，这里的信息经过了会计师事务所的年报审计；第 3 章与第 4 章的案例材料都来自会计师事务所的审计工作底稿。第

3 章是对高新技术企业认定前研发费用专项审计视角考察其信息质量，这里的信息经过了认定前的专项审计；第 4 章是从高新技术企业认定后研发费用加计扣除专项审计视角考察其信息质量，这里的信息经过了认定后加计扣除的专项审计。虽然我们和税务部门进行了多次访谈，也形成了一些看法，但没有取得典型案例材料从税务局角度进行案例研究。

本书没有实证研究地方政府业绩诉求对高新技术企业申请和研发费用确认的影响。虽然我们在与咨询公司的访谈中形成了直觉——地方政府的业绩诉求会对高新技术企业申请与认定过程有所影响，但囿于数据的可取得性以及研究设计之不易，我们没有实证研究地方政府业绩诉求对高新技术企业申请和研发费用确认的影响。

10.6　对未来的展望

本书缘起于笔者与科技、税务等部门就研发费用归集工作复杂性与困难性的交流，以及审计署抽查百余家高新技术企业却发现较多企业不符合高新技术企业税收优惠条件的事实。本书对高新技术企业认定前后研发费用等信息质量问题进行研究，以期提高有限资源的配置效率。本书有利于将有限科技创新资金切实落实在符合国家政策支持方向的企业中，以帮助落实"加快转变经济发展方式，加快建设创新型国家"的战略部署。本书研究结论能够从微观层面提供如何加强高新技术企业认定过程前后三类研发费用信息质量管理的具体路径。

2022 年 3 月 23 日，《财政部　税务总局关于进一步提高科技型中小企业研发费用税前加计扣除比例的公告》要求，自 2022 年 1 月 1 日起，研发费用在按规定据实扣除的基础上，再按照实际发生额的 100% 在税前加计扣除。这与我国"十四五"规划指出要强化企业创新主体地位，激励企业加大研发投入，实施更大力度的研发费用加计扣除、高新技术企业税收优惠等普惠性政策的具体要求一致。研发费用加计扣除在税收征管中具有相当的复杂性，在实践执行中尤其需要注意提高研发信息的规范性与可靠性，本书研究成果为所有企业研发费用加计扣除信息的科学化与规范化管理提供具体有效的核算方法与治理措施。

在实践中，本书已经明晰列示了研发信息会计核算具体方法以及如何减轻众多企业编表负担的具体举措。财税与科技部门只要明确公示与执行上述具体会计核算方法与编表方法，相关信息化企业很容易将研发信息的核算、归集与编表嵌入会计电算化等信息系统。经过简单程序修改升级后的会计电算化等信息系统将会为企业核算与归集三种不同用途研发信息带来直接便利，尤其会减少即将全面铺开的中小企业的编表负担与错误，也将为税务部门后续的稽查带来直接便利。

我们的研究发现了高新技术企业认定后的联合研发效果高于企业的独立研发效果，这意味着企业加强产学研合作可以提高研发效果；与此同时，本书还发现了企业科技成果的转化率不高；这两种研究结论同时存在意味着，当前产学研合作方式下科技成果的成熟度和创新性不高。这是因为在高校主导的产学研合作中，不少高校教师主要关注点在于项目取得与级别，论文的发表与专著的出版，并未真正关注应用型科技成果的成熟度与创新性。未来需要进一步深思，如何改进高校内部与科研院所的科研评价体制与科技成果评价方式，引导相关科研人员真正关注科技成果的成熟度与创新性，以开展资源配置更高效的产学研合作。

参考文献

［1］蔡春，李明，和辉．约束条件、IPO盈余管理方式与公司业绩——基于应计盈余管理与真实盈余管理的研究［J］.会计研究，2013（10）：35－42，96.

［2］戴晨，刘怡．税收优惠与财政补贴对企业R&D影响的比较分析［J］.经济科学，2008（3）：58－71.

［3］戴小勇，成力为．财政补贴政策对企业研发投入的门槛效应［J］.科研管理，2014，35（6）：68－76.

［4］范海峰，胡玉明.R&D支出、机构投资者与公司盈余管理［J］.科研管理，2013，34（7）：24－30.

［5］葛家澍，陈守德．财务报告质量评估的探讨［J］.会计研究，2001（11）：9－18，65.

［6］韩成．应切实规范高新技术企业的财务核算［J］.财务与会计，2012（10）：36－37.

［7］黄国涛．科技政策咨询技术路线探讨——以高新技术企业认定咨询为例［J］.科技管理研究，2012，32（5）：57－60，76.

［8］蒋建军，齐建国．激励企业R&D支出的税收政策效应研究［J］.中国软科学，2007（8）：65－70.

［9］金玲娣，陈国宏．企业规模与R&D关系实证研究［J］.科研管理，2001，22（1）：51－57.

［10］李常青，魏志华，吴世农．半强制分红政策的市场反应研究［J］.经济研究，2010（3）：144－155.

［11］李莉，曲晓辉，肖虹. R&D 支出资本化：真实信号传递或盈余管理？
　　　［J］. 审计与经济研究，2013，28（1）：60－69.

［12］李巧巧. 论 R&D 的会计改进与信息披露［J］. 科技进步与对策，2004
　　　（3）：52－54.

［13］李善民，陈玉罡. 上市公司兼并与收购的财富效应［J］. 经济研究，
　　　2002（11）：27－35.

［14］李增福，曾庆意，魏下海. 债务契约、控制人性质与盈余管理［J］. 经
　　　济评论，2011（6）：88－96.

［15］李增福，董志强，连玉君. 应计项目盈余管理还是真实活动盈余管
　　　理？——基于我国 2007 年所得税改革的研究［J］. 管理世界，2011
　　　（1）：121－134.

［16］李增福，郑友环. 避税动因的盈余管理方式比较——基于应计项目操
　　　控和真实活动操控的研究［J］. 财经研究，2010，36（6）：80－89.

［17］梁莱歆，熊艳. 我国上市公司研发费用披露现状及其改进建议［J］. 财
　　　务与会计，2005（10）：22－23.

［18］廖冠民，吴溪. 收入操纵、舞弊审计准则与审计报告谨慎性［J］. 审计
　　　研究，2013（1）：103－112.

［19］罗婷，朱青，李丹. 解析 R&D 投入和公司价值之间的关系［J］. 金融
　　　研究，2009（6）：100－110.

［20］罗霞，鲁若愚，段小华. 对企业 R&D 费用披露方式的建议［J］. 科学
　　　学与科学技术管理，2002（6）：29－32.

［21］毛其淋，许家云. 政府补贴对企业新产品创新的影响——基于补贴强
　　　度"适度区间"的视角［J］. 中国工业经济，2015（6）：94－107.

［22］牛泽东，张倩肖. 中国装备制造业的技术创新效率［J］. 数量经济技术
　　　经济研究，2012（11）：51－67.

［23］邵诚，王胜光. 我国软件企业税收优惠与研发投入关系的结构方程模
　　　型分析［J］. 工业技术经济，2010，29（1）：64－69.

［24］汪童童. 高新技术企业认定前后研发信息披露问题研究［D］. 蚌埠：
　　　安徽财经大学，2016.

［25］王广庆. 对我国无形资产准则的一些思考［J］. 会计研究，2004（5）：

40 - 41.

[26] 王俊. 我国政府 R&D 税收优惠强度的测算及影响效应检验 [J]. 科研管理, 2011, 32 (9): 157 - 164.

[27] 王亮亮. 税制改革与利润跨期转移——基于"账税差异"的检验 [J]. 管理世界, 2014 (11): 105 - 118.

[28] 王新红, 杨惠瑛. 中小企业板块上市公司 R&D 信息披露状况分析 [J]. 科技进步与对策, 2010, 27 (13): 94 - 96.

[29] 王跃堂, 王亮亮, 贡彩萍. 所得税改革、盈余管理及其经济后果 [J]. 经济研究, 2009, 44 (3): 86 - 98.

[30] 王善平, 李志军. 银行持股、投资效率与公司债务融资 [J]. 金融研究, 2011 (5): 184 - 193.

[31] 吴文清, 赵黎明. 中国火炬计划项目的效率现状及动态效率分析 [J]. 软科学, 2012, 26 (2): 1 - 5.

[32] 肖仁桥, 王宗军, 钱丽. 我国不同性质企业技术创新效率及其影响因素研究: 基于两阶段价值链的视角 [J]. 管理工程学报, 2015, 29 (2): 190 - 201.

[33] 谢柳芳, 朱荣, 何苦. 退市制度对创业板上市公司盈余管理行为的影响——基于应计与真实盈余管理的分析 [J]. 审计研究, 2013 (1): 95 - 102.

[34] 许国艺, 史永, 杨德伟. 政府研发补贴的政策促进效应研究 [J]. 软科学, 2014, 28 (9): 30 - 34.

[35] 许玲玲, 郑春美. 高新技术企业认定公告的市场反应研究 [J]. 科研管理, 2016, 37 (12): 1 - 9.

[36] 姚和平, 徐红. 谈改进完善高新技术企业认定管理办法 [J]. 科技管理研究, 2009, 29 (11): 68 - 70.

[37] 姚靠华, 唐家财, 蒋艳辉. 研发投入、研发项目进展与股价波动——基于创业板上市高新技术企业的实证研究 [J]. 中国管理科学, 2013 (s1): 205 - 213.

[38] 叶康涛, 臧文佼. 外部监督与企业费用归类操纵 [J]. 管理世界, 2016 (1): 121 - 128, 138.

［39］原毅军，耿殿贺．中国装备制造业技术研发效率的实证研究［J］．中国软科学，2010（3）：51－57.

［40］臧秀清，李佳，许楠．高新技术企业认定指标体系评价方法研究［J］．软科学，2009，23（2）：25－29.

［41］张丹．我国企业智力资本报告建立的现实基础：来自上市公司年报的检验［J］．会计研究，2008（1）：18－25，95.

［42］张海洋，史晋川．中国省际工业新产品技术效率研究［J］．经济研究，2011（1）：83－96.

［43］张杰，芦哲，郑文平，等．融资约束、融资渠道与企业R&D投入［J］．世界经济，2012，35（10）：66－90.

［44］张昕，姜艳．亏损上市公司盈余管理手段分析——基于第四季度报表数据［J］．财经科学，2010（6）：33－40.

［45］张新．并购重组是否创造价值？——中国证券市场的理论与实证研究［J］．经济研究，2003（6）：20－29.

［46］张子余，张碧秋，王芳．高新技术企业认定过程中的会计信息质量研究［J］．证券市场导报，2015（8）：9－14.

［47］张子余，张天西．"真实销售行为"的动态选择与经济后果［J］．南开管理评论，2011，14（6）：128－136.

［48］张子余．盈余管理若干问题研究［D］．上海：上海交通大学，2012.

［49］赵黎明，官远芳．国家火炬计划项目效率及其影响因素分析［J］．科学学与科学技术管理，2015，36（11）：3－14.

［50］赵团结．研发费用：高新技术企业认定中的一项难题［J］．财务与会计（理财版），2012（10）：13－15.

［51］赵武阳，陈超．研发披露、管理层动机与市场认同：来自信息技术业上市公司的证据［J］．南开管理评论，2011，14（4）：100－107，137.

［52］周黎安，罗凯．企业规模与创新：来自中国省级水平的经验证据［J］．经济学（季刊），2005，4（3）：623－638.

［53］朱朝晖．信息不对称与研发活动的信息披露［J］．科技进步与对策，2005（9）：87－89.

［54］朱乐．专项审计视角下企业研发支出核算与加计扣除研究［D］．蚌埠：

安徽财经大学，2017.

[55] 朱有为，徐康宁. 中国高技术产业研发效率的实证研究 [J]. 中国工业经济，2006（11）：38 – 45.

[56] 宗文龙，王睿，杨艳俊. 企业研发支出资本化的动因研究——来自 A 股市场的经验证据 [J]. 中国会计评论，2009，7（4）：439 – 454.

[57] Aboody D, Lev B. The Value Relevance of Intangibles：The Case of Software Capitalization [J]. Journal of Accounting Research, 1998, 36（2）：161 – 191.

[58] Akerlof G A. The Market for "Lemons"：Quality Uncertainty and the Market Mechanism [J]. Quarterly Journal of Economics, 1970（84）：488 – 500.

[59] Allen E J, Larson C R, Sloan R G. Accrual reversals, earnings and stock returns [J]. Journal of Accounting and Economics, 2013, 56（1）：113 – 129.

[60] Anagnostopoulou S C, Levis M. R&D and Performance Persistence：Evidence from the United Kingdom [J]. International Journal of Accounting, 2008, 43（3）：293 – 320.

[61] Bloom N, Griffith R, Van Reenen J. Do R&D Tax Credits Work? Evidence from a Panel of Countries 1979 – 1997 [J]. Journal of Public Economics, 2002, 85（1）：1 – 31.

[62] Baber W R, Kang S H, Li Y, Modeling Discretionary Accrual Reversal and the Balance Sheet as an Earnings Management Constraint [J]. Accounting Review, 2011, 86：1189 – 1212.

[63] Baber W R, Fairfield P M, Haggard J A. The Effect of Concern about Reported Income on Discretionary Spending Decisions：The Case of Research and Development [J]. Accounting Review, 1991, 66（4）：818 – 829.

[64] Ball R, Brown P. An Empirical Evaluation of Accounting Income Numbers [J]. Journal of Accounting Research, 1968, 6（2）：159 – 178.

[65] Bhojraj S, Hribar P, Picconi M, et al. Making Sense of Cents：An Examination of Firms That Marginally Miss or Beat Analyst Forecasts [J]. Journal of Finance, 2009, 64（5）：2361 – 2388.

［66］ Bornemann S, Kick T, Pfingsten A, et al. Earnings Baths by CEOs during Turnovers: Empirical Evidence from German Savings Banks ［J］. Journal of Banking & Finance, 2015, 53: 188 – 201.

［67］ Brown J L, Krull L K. Stock Options, R&D, and the R&D Tax Credit ［J］. Accounting Review, 2008, 83 (3): 705 – 734.

［68］ Carboni O A. R&D Subsidies and Private R&D Expenditures: Evidence from Italian Manufacturing Data ［J］. International Review of Applied Economics, 2011, 25 (4): 419 – 439.

［69］ Callen J L, Robb S W G, Segal D. Revenue Manipulation and Restatements by Loss Firms ［J］. Auditing: A Journal of Practice & Theory, 2008, 27 (2): 1 – 29.

［70］ Caylor M L. Strategic Revenue Recognition to Achieve Earnings Benchmarks ［J］. Journal of Accounting & Public Policy, 2010, 29 (1): 82 – 95.

［71］ Chan S H, Martin J D, Kensinger J W. Corporate Research and Development Expenditures and Share Value ［J］. Journal of Financial Economics, 1990, 26 (2): 255 – 276.

［72］ Chen C T, Chien C F, Lin M H, et al. Using DEA to Evaluate R&D Performance of the Computers and Peripherals Firms in Taiwan ［J］. Social Science Electronic Publishing, 2004, 9 (4): 347 – 359.

［73］ Cheng S. R&D Expenditures and CEO Compensation ［J］. Accounting Review, 2004, 79 (2): 305 – 328.

［74］ Cohen D A, Dey A, Lys T Z. Real and Accrual-Based Earnings Management in the Pre-and Post-Sarbanes-Oxley Periods ［J］. Accounting Review, 2008, 83 (3): 757 – 787.

［75］ Cohen D, Mashruwala R, Zach T. The Use of Advertising Activities to Meet Earnings Benchmarks: Evidence from Monthly Data ［J］. Review of Accounting Studies, 2010, 15 (4): 808 – 832.

［76］ Ding Y, Entwistle G, Stolowy H. International Differences in Research and Development Reporting Practices: A French and Canadian Comparison ［J］. Advances in International Accounting, 2004, 17: 55 – 72.

［77］ Dechow P M, Hutton A P, Kim J H, Sloan, R G. Detecting Earnings Management: A New Approach ［J］. Journal of Accounting Research, 2012, 50: 275 – 334.

［78］ Dechow P M, Sloan R G, Sweeney A P. Detecting Earnings Management ［J］. Accounting Review, 1995, 70 (2): 193 – 225.

［79］ Defond M L, Park C W. The Reversal of Abnormal Accruals and the Market Valuation of Earnings Surprises ［J］. Accounting Review, 2001, 76: 375 – 404.

［80］ Dedman E, Lin W J, Prakash A J, et al. Voluntary Disclosure and Its Impact on Share Prices: Evidence from the UK Biotechnology Sector ［J］. Journal of Accounting & Public Policy, 2008, 27 (3): 195 – 216.

［81］ Deng Z, Lev B. In-Process R&D: To Capitalize or Expense? ［J］. Journal of Engineering & Technology Management, 2006, 23 (1): 18 – 32.

［82］ Eldenburg L G, Gunny K A, Hee K W, et al. Earnings Management Using Real Activities: Evidence from Nonprofit Hospitals ［J］. Accounting Review, 2011, 86 (5): 1605 – 1630.

［83］ Elliott J. The Impact of SFAS No. 2 on Firm Expenditures on Research and Development: Replications and Extensions ［J］. Journal of Accounting Research, 1984, 22 (1): 85.

［84］ Fama E, Fisher L, Jensen M, Roll R. The Adjustment of Stock Prices to New Information ［J］. International Economic Review, 1969, 10 (1): 1 – 21.

［85］ Feroz E H, Park K, Pastena V S. The Financial and Market Effects of the SEC's Accounting and Auditing Enforcement Releases ［J］. Journal of Accounting Research, 1991, 29 (1): 107 – 142.

［86］ Franzen L, Radhakrishnan S. The Value Relevance of R&D across Profit and Loss Firms ［J］. Journal of Accounting & Public Policy, 2009, 28 (1): 16 – 32.

［87］ Gelb D S. Intangible Assets and Firms' Disclosures: An Empirical Investigation ［J］. Journal of Business Finance & Accounting, 2010, 29 (3&4):

457 – 476.

[88] González X, Pazó C. Do Public Subsidies Stimulate Private R&D Spending? [J]. Research Policy, 2008, 37 (3): 371 – 389.

[89] Graham J R, Harvey C R, Rajgopal S. The Economic Implications of Corporate Financial Reporting [J]. Journal of Accounting & Economics, 2004, 40 (1): 3 – 73.

[90] Guenther D A. Earnings Management in Response to Corporate Tax Rate Changes: Evidence from the 1986 Tax Reform Act [J]. Accounting Review, 1994, 69 (1): 230 – 243.

[91] Guthrie J, Petty R, Yongvanich K, et al. Using Content Analysis as a Research Method to Inquire into Intellectual Capital Reporting [J]. Journal of Intellectual Capital, 2004, 5 (2): 282 – 293.

[92] Hall B, Reenen J V. How Effective are Fiscal Incentives for R&D? A New Review of the Evidence [J]. Research Policy, 1999, 29 (4): 449 – 469.

[93] Han B H, Manry D. The Value-Relevance of R&D and Advertising Expenditures: Evidence from Korea [J]. International Journal of Accounting, 2004, 39 (2): 155 – 173.

[94] Healy P M, Myers S C, Howe C D. R&D Accounting and the Tradeoff between Relevance and Objectivity [J]. Journal of Accounting Research, 2002, 40 (3): 677 – 710.

[95] Hirschey M, Richardson V J, Scholz S. Value Relevance of Nonfinancial Information: The Case of Patent Data [J]. Review of Quantitative Finance & Accounting, 2001, 17 (3): 223 – 235.

[96] Hunt A, Moyer S E, Shevlin T. Managing Interacting Accounting Measures to Meet Multiple Objectives: A Study of LIFO Firms [J]. Journal of Accounting and Economics, 1996, 21 (3): 339 – 374.

[97] Iacus S, King G, Porro G. Causal Inference without Balance Checking: Coarsened Exact Matching [J]. Political Analysis, 2012, 20 (1): 1 – 24.

[98] Jackson S B, Wilcox W E. Do Managers Grant Sales Price Reductions to

Avoid Losses and Declines in Earnings and Sales? ［J］. Quarterly Journal of Business & Economics，2000，39（4）：3 – 20.

［99］ Jones D A. Voluntary Disclosure in R&D—Intensive Industries ［J］. Contemporary Accounting Research，2007，24（2）：489 – 522.

［100］ Kothari S P，Laguerre T E，Leone A J. Capitalization versus Expensing：Evidence on the Uncertainty of Future Earnings from Capital Expenditures versus R&D Outlays ［J］. Review of Accounting Studies，2002，7（4）：355 – 382.

［101］ Kothari S P，Mizik N，Roychowdhury S. Managing for the Moment：The Role of Earnings Management via Real Activities versus Accruals in SEO Valuation ［J］. Social Science Electronic Publishing，2016，91（2）：559 – 586.

［102］ Levy D M，Terleckyj N E. Effects of Government R&D on Private R&D Investment and Productivity：A Macroeconomic Analysis ［J］. Bell Journal of Economics，1983，14（2）：551 – 561.

［103］ Li J，Pike R，Haniffa R. Intellectual Capital Disclosure and Corporate Governance Structure in UK Firms ［J］. Accounting & Business Research，2008，38（2）：137 – 159.

［104］ Laforet S. Organizational Innovation Outcomes in SMEs：Effects of Age，Size，and Sector ［J］. Journal of World Business，2013，48（4）：490 – 502.

［105］ Larcker D F. Short-Term Compensation Contracts and Executive Expenditure Decisions：The Case of Commercial Banks ［J］. Journal of Financial & Quantitative Analysis，1987，22（1）：33 – 50.

［106］ Lee N，Swenson C. Earnings Management through Discretionary Expenditures in The U. S. Canada，and Asia ［J］. International Business Research，2011，4（2）：257 – 266.

［107］ Lev B，Sarath B，Sougiannis T. R&D Reporting Biases and Their Consequences ［J］. Social Science Electronic Publishing，2004，22（4）：977 – 1026.

[108] Lev B, Zarowin P. The Boundaries of Financial Reporting and How to Extend Them [J]. Journal of Accounting Research, 1999, 37 (2): 353 – 385.

[109] Lopez T, Regier P, Lee T. Identifying Tax-Induced Earnings Management Around TRA 86 as a Function of Prior Tax-Aggressive Behavior [J]. Journal of the American Taxation Association, 1998, 20 (2): 37 – 56.

[110] Majella Percy. Financial Reporting Discretion and Voluntary Disclosure: Corporate Research and Development Expenditure in Australia [J]. Asia-Pacific Journal of Accounting & Economics, 2000, 7 (1): 1 – 31.

[111] Mangena M, Lin L, Tauringana V. Disentangling the Effects of Corporate Disclosure on the Cost of Equity Capital: A Study of the Role of Intellectual Capital Disclosure [J]. Journal of Accounting Auditing & Finance, 2014, 31 (1): 3 – 27.

[112] Mansfield E. The Economics of Technological Change [M]. New York: Norton, 1968.

[113] Moehrle S R. Do Firms Use Restructuring Charge Reversals to Meet Earnings Targets [J]. Accounting Review, 2002, 77: 397 – 413.

[114] Marquardt C A, Wiedman C I. How Are Earnings Managed? An Examination of Specific Accruals [J]. Contemporary Accounting Research, 2004, 21 (2): 461 – 491.

[115] Maydew E, Ball R, Berger P G, et al. Tax-Induced Earnings Management by Firms with Net Operating Losses [J]. Journal of Accounting Research, 1997, 35 (1): 83 – 96.

[116] Margolis R M, Kammen D M. Evidence of Under-Investment in Energy R&D in the United States and the Impact of Federal Policy [J]. Energy Policy, 1999, 27 (10): 575 – 584.

[117] Merkley K J. Narrative Disclosure and Earnings Performance: Evidence from R&D Disclosures [J]. Social Science Electronic Publishing, 2014, 89 (2): 725 – 757.

[118] Monahan S J. Conservatism, Growth and the Role of Accounting Numbers in

the Fundamental Analysis Process [J]. Review of Accounting Studies, 2005, 10 (2 −3): 227 −260.

[119] Nekhili M, Boubaker S, Lakhal F. Ownership Structure, Voluntary Disclosure and Market Value of Firms: The French Case [J]. Post-Print, 2012, 17 (2): 126 −140.

[120] Oswald D R. The Determinants and Value Relevance of the Choice of Accounting for Research and Development Expenditures in the United Kingdom [J]. Journal of Business Finance & Accounting, 2008, 35 (1 −2): 1 − 24.

[121] Perry S, Grinaker R. Earnings Expectations and Discretionary Research and Development Spending [J]. Accounting Horizons, 1994, 8 (4): 43 − 51.

[122] Petersen M A, Rajan R G. Trade Credit: Theories and Evidence [J]. Review of Financial Studies, 1997, 10 (3): 661 −691.

[123] Petersen M A. Estimating Standard Errors in Finance Panel Data Sets: Comparing Approaches [J]. Review of Financial Studies, 2009, 22 (1): 435 −480.

[124] Plummer E, Mest D P. Evidence on the Management of Earnings Components [J]. Journal of Accounting Auditing & Finance, 2001, 16 (4): 301 −323.

[125] Richardson S. Over-Investment of Free Cash Flow [J]. Review of Accounting Studies, 2006, 11 (2 −3): 159 −189.

[126] Rodrik D. Industrial Policy: Don't Ask Why, Ask How [J]. Middle East Development Journal, 2009, 1 (1): 1 −29.

[127] Romer P M. Endogenous Technological Change [J]. Journal of Political Economy, 1990, 98 (5): 71 −102.

[128] Rosa F L, Liberatore G. Biopharmaceutical and Chemical Firms' R&D Disclosure, and Cost of Equity: The Impact of the Regulatory Regime [J]. European Management Journal, 2014, 32 (5): 806 −820.

[129] Roychowdhury S. Earnings Management through Real Activities Manipu-

lation [J]. Journal of Accounting & Economics, 2006, 42 (3): 335 –
370.

[130] Schumpeter J A. Capitalism, Socialism and Democracy [M]. New York:
Harper & Row, 1942.

[131] Selto F H, Clouse M L. An Investigation of Managers' Adaptations to SFAS
No. 2: Accounting for Research and Development Costs [J]. Journal of Ac-
counting Research, 1985, 23 (2): 700 – 717.

[132] Spence M. Job Market Signalling [J]. Quarterly Journal of Economics,
1973, 87 (3): 355 – 379.

[133] Stiglitz J E. The Theory of "Screening", Education, and the Distribution of
Income [J]. The American Economic Review, 1975, 65 (3): 283 –
300.

[134] Stubben S R. Discretionary Revenues as a Measure of Earnings Management
[J]. Accounting Review, 2010, 85 (2): 695 – 717.

[135] Tassey G. Underinvestment in Public Good Technologies [J]. The Journal of
Technology Transfer, 2004, 30 (1 – 2): 89 – 113.

[136] Villa J M. Diff: Simplifying the Estimation of Difference-in-Differences
Treatment Effects [J]. Stata Journal, 2016, 16 (1): 52 – 71.

[137] Weiss D, Falk H, Zion U B. Earnings Variability and Disclosure of R&D:
Evidence from Press Releases [J]. Accounting & Finance, 2013, 53
(3): 837 – 865.

附　录

附录1　《高新技术企业认定管理办法》（国科发火〔2008〕172号）第十条

附表1－1　《高新技术企业认定管理办法》（国科发火〔2008〕172号）第十条

第十条	高新技术企业认定须同时满足以下条件
（一）	在中国境内（不含港、澳、台地区）注册的企业，近三年内通过自主研发、受让、受赠、并购等方式，或通过5年以上的独占许可方式，对其主要产品（服务）的核心技术拥有自主知识产权
（二）	产品（服务）属于《国家重点支持的高新技术领域》规定的范围
（三）	具有大学专科以上学历的科技人员占企业当年职工总数的30%以上，其中研发人员占企业当年职工总数的10%以上
（四）	企业为获得科学技术（不包括人文、社会科学）新知识，创造性运用科学技术新知识，或实质性改进技术、产品（服务）而持续进行了研究开发活动，且近三个会计年度的研究开发费用总额占销售收入总额的比例符合如下要求：1. 最近一年销售收入小于5 000万元的企业，比例不低于6%；2. 最近一年销售收入在5 000万元至20 000万元的企业，比例不低于4%；3. 最近一年销售收入在20 000万元以上的企业，比例不低于3%。其中，企业在中国境内发生的研究开发费用总额占全部研究开发费用总额的比例不低于60%。企业注册成立时间不足三年的，按实际经营年限计算
（五）	高新技术产品（服务）收入占企业当年总收入的60%以上
（六）	企业研究开发组织管理水平、科技成果转化能力、自主知识产权数量、销售与总资产成长性等指标符合《高新技术企业认定管理工作指引》（另行制定）的要求

附录2　《高新技术企业认定管理工作指引》
对附录1中第六条的要求

六、自主知识产权、研究开发组织管理水平、科技成果转化能力，以及资产与销售额成长性的具体评价方法

知识产权、科技成果转化能力、研究开发的组织管理水平、成长性指标等四项指标，用于评价企业利用科技资源进行创新、经营创新和取得创新成果等方面的情况。该四项指标采取加权记分方式，须达到70分以上（不含70分）。四项指标权重结构详见下表：

序号	指标	赋值
1	核心自主知识产权	30
2	科技成果转化能力	30
3	研究开发的组织管理水平	20
4	成长性指标	20
合计		100

（一）指标计算与赋值说明

1. 四项指标赋予不同的数值（简称"赋值"）；企业不拥有核心自主知识产权的赋值为0；

2. 每项指标分数比例分为六个档次（A，B，C，D，E，F），分别是：0.80~1.0、0.60~0.79、0.40~0.59、0.20~0.39、0.01~0.19、0；

3. 各项指标实际得分＝本指标赋值×分数比例；

【例】某指标赋值20，指标评价档次为"B"，分数比例评为0.7，则：

实际得分＝20分×0.7＝14分

4. 评价指标以申报之日前 3 个年度的数据为准。如企业创办期不足 3 年，以实际经营年限为准；

5. 各项指标的选择均为单选。

（二）各单项指标的测算依据

1. 核心自主知识产权（30 分）

企业拥有的专利、软件著作权、集成电路布图设计专有权、植物新品种等核心自主知识产权的数量（不含商标）。

□A. 6 项，或 1 项发明专利　　□B. 5 项

□C. 4 项　　□D. 3 项

□E. 1～2 项　　□F. 0 项

【说明】

1. 由专家对企业申报的核心自主知识产权是否符合《工作指引》要求进行评判。

2. 同一知识产权在国内外的申请、登记只记为一项。

3. 若知识产权的创造人与知识产权权属人分离，在计算知识产权数量时可分别计算。

4. 专利以获得授权证书为准。

5. 企业不具备核心自主知识产权的不能认定为高新技术企业。

2. 科技成果转化能力（30 分）

最近 3 年内科技成果转化的年平均数。

□A. 4 项以上

□B. 3～4 项（不含 3 项）

□C. 2～3 项（不含 2 项）

□D. 1～2 项（不含 1 项）

□E. 1 项

□F. 0 项

【说明】

1. 同一科学技术成果（专利、版权、技术使用许可证、注册的软件版权、集成电路布图设计）在国内外的申请只记为一项。

2. 购入或出售技术成果以正式技术合同为准。

3. 此项评价可计入技术诀窍，但价值较小的不算在内。从产品或工艺的改进表现来评价技术诀窍等的价值大小（企业可以不披露具体内容）。

4. 技术成果转化的判断依据是：企业以技术成果形成产品、服务、样品、样机等。

3. 研究开发的组织管理水平（20 分）

（1）制定了研究开发项目立项报告；（2）建立了研发投入核算体系；（3）开展了产学研合作的研发活动；（4）设有研发机构并具备相应的设施和设备；（5）建立了研发人员的绩效考核奖励制度。

□A. 5 项都符合要求 　　　　　□B. 4 项符合要求

□C. 3 项符合要求 　　　　　□D. 2 项符合要求

□E. 1 项符合要求 　　　　　□F. 均不符合要求

4. 总资产和销售额成长性指标（20 分）

此项指标是对反映企业经营绩效的总资产增长率和销售增长率的评价（各占 10 分），具体计算方法如下：

总资产增长率 = 1/2 ×（第二年总资产额÷第一年总资产额 + 第三年总资产额÷第二年总资产额）- 1

销售增长率 = 1/2 ×（第二年销售额÷第一年销售额 + 第三年销售额÷第二年销售额）- 1

用计算所得的总资产增长率和销售增长率分别对照下表指标评价档次（ABCDE）评出分数比例，用分数比例乘以赋值计算出每项得分，两项得分相加计算出总资产和销售额成长性指标实际得分。

| 成长性指标（20 分） | 得分 | 指标赋值 | ≥0.35 | ≥0.25 | ≥0.15 | ≥0.05 | <0.05 |
			A	B	C	D	E
		总资产增长率赋值（10 分）					
		销售增长率赋值（10 分）					

说明：①在计算会计年度内企业未产生销售收入或成长性指标为负的按 0 计算；第一年销售收入为 0 的，按两年计算；第二年销售收入为 0 的，都按 0 计算。②此项指标计算所依据的数据应以具有资质的中介机构鉴证的企业财务报表为准。

附录3　《高新技术企业认定管理办法》（国科发火〔2016〕32号第十一条）

附表3-1　　　　　《高新技术企业认定管理办法》第十一条

第十一条	认定为高新技术企业须同时满足以下条件
（一）	企业申请认定时须注册成立一年以上
（二）	企业通过自主研发、受让、受赠、并购等方式，获得对其主要产品（服务）在技术上发挥核心支持作用的知识产权的所有权
（三）	对企业主要产品（服务）发挥核心支持作用的技术属于《国家重点支持的高新技术领域》规定的范围
（四）	企业从事研发和相关技术创新活动的科技人员占企业当年职工总数的比例不低于10%
（五）	企业近三个会计年度（实际经营期不满三年的按实际经营时间计算，下同）的研究开发费用总额占同期销售收入总额的比例符合如下要求： 1. 最近一年销售收入小于5 000万元（含）的企业，比例不低于5% 2. 最近一年销售收入在5 000万元至2亿元（含）的企业，比例不低于4% 3. 最近一年销售收入在2亿元以上的企业，比例不低于3% 其中，企业在中国境内发生的研究开发费用总额占全部研究开发费用总额的比例不低于60%
（六）	近一年高新技术产品（服务）收入占企业同期总收入的比例不低于60%
（七）	企业创新能力评价应达到相应要求
（八）	企业申请认定前一年内未发生重大安全

附录4　《高新技术企业认定管理工作指引》对附录3中第七条的具体要求

（七）企业创新能力评价

企业创新能力主要从知识产权、科技成果转化能力、研究开发组织管理水平、企业成长性等四项指标进行评价。各级指标均按整数打分，满分为100分，综合得分达到70分以上（不含70分）为符合认定要求。四项指标分值结构详见下表：

序号	指标	分值
1	知识产权	≤30
2	科技成果转化能力	≤30
3	研究开发组织管理水平	≤20
4	企业成长性	≤20

1. 知识产权（≤30分）

由技术专家对企业申报的知识产权是否符合《认定办法》和《工作指引》要求，进行定性与定量结合的评价。

序号	知识产权相关评价指标	分值
1	技术的先进程度	≤8
2	对主要产品（服务）在技术上发挥核心支持作用	≤8
3	知识产权数量	≤8
4	知识产权获得方式	≤6
5	（作为参考条件，最多加2分） 企业参与编制国家标准、行业标准、检测方法、技术规范的情况	≤2

（1）技术的先进程度

A. 高（7~8分）　　　　　　B. 较高（5~6分）

C. 一般（3~4分）　　　　　D. 较低（1~2分）

E. 无（0分）

（2）对主要产品（服务）在技术上发挥核心支持作用

A. 强（7~8分）　　　　　　B. 较强（5~6分）

C. 一般（3~4分）　　　　　D. 较弱（1~2分）

E. 无（0分）

（3）知识产权数量

A. 1项及以上（Ⅰ类）（7~8分）

B. 5项及以上（Ⅱ类）（5~6分）

C. 3~4项（Ⅱ类）（3~4分）

D. 1~2 项（Ⅱ类）（1~2 分）

E. 0 项（0 分）

（4）知识产权获得方式

A. 有自主研发（1~6 分）

B. 仅有受让、受赠和并购等（1~3 分）

（5）企业参与编制国家标准、行业标准、检测方法、技术规范的情况（此项为加分项，加分后"知识产权"总分不超过 30 分。相关标准、方法和规范须经国家有关部门认证认可。）

A. 是（1~2 分）　　　　B. 否（0 分）

2. 科技成果转化能力（≤30 分）

依照《促进科技成果转化法》，科技成果是指通过科学研究与技术开发所产生的具有实用价值的成果（专利、版权、集成电路布图设计等）。科技成果转化是指为提高生产力水平而对科技成果进行的后续试验、开发、应用、推广直至形成新产品、新工艺、新材料，发展新产业等活动。

科技成果转化形式包括：自行投资实施转化；向他人转让该技术成果；许可他人使用该科技成果；以该科技成果作为合作条件，与他人共同实施转化；以该科技成果作价投资、折算股份或者出资比例；以及其他协商确定的方式。

由技术专家根据企业科技成果转化总体情况和近 3 年内科技成果转化的年平均数进行综合评价。同一科技成果分别在国内外转化的，或转化为多个产品、服务、工艺、样品、样机等的，只计为一项。

A. 转化能力强，≥5 项（25~30 分）

B. 转化能力较强，≥4 项（19~24 分）

C. 转化能力一般，≥3 项（13~18 分）

D. 转化能力较弱，≥2 项（7~12 分）

E. 转化能力弱，≥1 项（1~6 分）

F. 转化能力无，0 项（0 分）

3. 研究开发组织管理水平（≤20 分）

由技术专家根据企业研究开发与技术创新组织管理的总体情况，结合以下几项评价，进行综合打分。

（1）制定了企业研究开发的组织管理制度，建立了研发投入核算体系，

编制了研发费用辅助账；（≤6分）

（2）设立了内部科学技术研究开发机构并具备相应的科研条件，与国内外研究开发机构开展多种形式产学研合作；（≤6分）

（3）建立了科技成果转化的组织实施与激励奖励制度，建立开放式的创新创业平台；（≤4分）

（4）建立了科技人员的培养进修、职工技能培训、优秀人才引进，以及人才绩效评价奖励制度。（≤4分）

4. 企业成长性（≤20分）

由财务专家选取企业净资产增长率、销售收入增长率等指标对企业成长性进行评价。企业实际经营期不满三年的按实际经营时间计算。计算方法如下：

（1）净资产增长率

净资产增长率＝1/2×（第二年末净资产÷第一年末净资产＋第三年末净资产÷第二年末净资产）－1

净资产＝资产总额－负债总额

资产总额、负债总额应以具有资质的中介机构鉴证的企业会计报表期末数为准。

（2）销售收入增长率

销售收入增长率＝1/2×（第二年销售收入÷第一年销售收入＋第三年销售收入÷第二年销售收入）－1

企业净资产增长率或销售收入增长率为负的，按0分计算。第一年末净资产或销售收入为0的，按后两年计算；第二年末净资产或销售收入为0的，按0分计算。

以上两个指标分别对照下表评价档次（ABCDEF）得出分值，两项得分相加计算出企业成长性指标综合得分。

成长性得分	指标赋值	分数					
		≥35%	≥25%	≥15%	≥5%	＞0	≤0
≤20分	净资产增长率赋值≤10分	A 9~10分	B 7~8分	C 5~6分	D 3~4分	E 1~2分	F 0分
	销售收入增长率赋值≤10分						

后 记

本书是对我 2015～2020 年研究工作的总结，特别感谢以下重要因缘直接促成了本专著的出版：提醒我申报国家项目的徐旭初教授，研究团队的王文兵、王芳、韩俊华、朱乐、张碧秋、汪童童等研究成员，胡斌院长的推动，上海工程技术大学的资助。还要特别感谢我们在研究期间，税务部门、科技部门、会计师事务所以及其他中介机构的专家曾给与的大力帮助。

本书是对高新技术企业认定中的会计信息质量问题进行的研究。博士期间老师要求我们做研究切勿贪多图大，要把"重要螺丝钉"的质量做到上乘。因此，感谢我博士阶段的导师张天西教授，感谢博士期间给我们授课的张国昌教授、Ke Bin 教授、李真教授与顾朝阳等教授，他们教会了我如何做好的研究，以及未来需努力之处。

一路走来，还要感谢在安徽财经大学攻读会计专业硕士学位时的导师陈余有教授，以及留在安财工作十七年间，丁忠明校长、张焕明副校长、卢太平院长、宋思根院长与程昔武处长等曾给与的关心和帮助。还要感谢谭劲松教授、徐晓东教授、曾庆生教授、周中胜教授、殷俊明教授、何玉教授、许汉友教授、吴婧教授、朱喜教授、杨治辉教授、储德银教授等曾给与的帮助。

本书能帮助准备进行高新技术企业认定的企业及会计人员。通常情况下，准备进行高新技术企业认定的企业需要咨询中介机构，但通过阅读本书能帮助您掌握最新的高企认定政策，熟悉高企认定的评分标准，了解如何达到高企认定的申报条件，并掌握如何有针对性地进行研发支出信息的会计处理。对于高新技术企业的会计人员，阅读本书能够帮助其深刻理解研发支出会计信息的会计处理背后的规律，缘督以为经，进乎其技。

当前，中国和美国的竞争和主要差距集中在科技领域。美国为激励企业研发实行税收抵免制度，对研发项目和研发费用的税收优惠政策执行非常严格；我国则实行了高企认定的税收优惠和研发费用扣除制度的普惠性制度。我国"十四五"规划纲要和2035年远景目标纲要指出，要"强化企业创新主体地位，激励企业加大研发投入，实施更大力度的研发费用加计扣除、高新技术企业税收优惠等普惠性政策"。

于此背景下，本书不仅计量对企业之利的影响，还考察了会计质量问题对国家之利的影响。在研究期间，我们积极向国家相关部门提供了相关政策建议；今年上半年，我们还撰写并提交了一份如何完善与优化对高企认定政策管理的具体建议。

从教已二十多年，感谢教学工作让我和学生共同成长。五十而知天命，世事如露如电。彩云易散琉璃易碎，这五年多来我的父母相继离开了。童年的我喜欢足球等游戏和运动，每天过的自由轻松快乐。作为教师的父母从不过问我的学业，身教让我学会坚守本分。父母已逝，我常想起一句歌词，"若此心常相印，何处不团圆；若此情长久，哪里分地北天南"。

张子余

2022 年 6 月 1 日